AF143198

Jean-Marie LECUYER

La guerre de 1870

Les Prussiens

à

Saint-Romain-de-Colbosc

© Jean-Marie LECUYER/ Détenteur des droits/ V1

ISBN : 9782322229598

Dépôt légal   Février 2021

Le code de la propriété intellectuelle interdit les copies ou reproductions destinées à une utilisation collective. Toute représentation ou reproduction intégrale ou partielle faite par quelque procédé que ce soit, sans le consentement de l'auteur ou de ses ayants cause, est illicite et constitue une contrefaçon, aux termes des articles L.335-2 et suivants du Code de la propriété intellectuelle.

Préface.

En cette fin d'année 2020, nous célébrons le 150eme anniversaire de la Guerre de 1870-1871. Malheureusement, nous n'en entendons pas beaucoup parler dans les médias.

Elle est toute proche et pourtant très loin dans les souvenirs.

A cette occasion, j'ai fait beaucoup de recherches sur cette triste période de notre histoire et découvert qu'il y avait eu énormément de littérature sur le sujet. Certains traitaient même des évènements locaux au sein d'une petite localité, je pense à Bolbec et Yvetot.

Il n'y avait rien sur Saint-Romain-de-Colbosc. Il me paraissait donc intéressant de partir à la découverte de notre passé. La recherche fut fructueuse. Que de trouvailles que je ne soupçonnais pas… D'où l'idée d'en faire un résumé dans le petit livre que vous avez dans les mains. Et encore, il y aurait tant de choses à citer…

Les prémices de cette guerre

Quelle drôle de guerre que cette guerre Franco-prussienne de 1870. De nos jours, elle est pratiquement oubliée et pourtant, c'était tout juste, il y a 150 ans. Elle fut très courte, six mois de combats et quatre mois d'occupation. Elle allait pourtant amener les autres conflits du 20e siècle. Elle fut très meurtrière par rapport à sa durée (139 000 morts du côté français et 51 000 morts du côté allemand).

En plus des combats, l'hiver fut particulièrement rude (décès à cause du froid et de la faim pour des militaires mal équipés). Pour finir, les épidémies de variole et de fièvre typhoïde firent des ravages dans les rangs. Victor Hugo parlera « *d'année terrible* »

Elle démarrera par un Empire, en France et un Royaume, en Prusse et se terminera, quelques mois plus tard, par une République et un Reich. Toute la géopolitique de l'Europe s'en trouvera modifiée.

Depuis les guerres napoléoniennes, il n'y avait pas eu de conflit sur le sol français. Une très grande période de paix. Les états-majors ne pensaient pas qu'une guerre puisse se produire en France, la preuve, d'ailleurs il n'existait aucune carte militaire du pays. Les maréchaux et les politiques clamaient haut et fort, que nous possédions la meilleure armée du monde et ils se trompaient lourdement. Le Général Le Bœuf disait même « *Pas un bouton-de-guêtre ne manque à l'équipement du soldat* » Par soucis d'économie, les effectifs de l'armée d'active avaient été réduits (280000 français face à 520000 prussiens avec 1500 canons), l'artillerie est insuffisante, les armes obsolètes... Il y avait bien dans l'air un projet futur de modernisation. En face, l'armée adverse avait de l'expérience après une guerre contre le Danemark en 1863 et une guerre austro-prussienne en 1866. Parmi nos dirigeants, l'empereur Napoléon III était gravement malade et avait du mal à diriger son pays. Il écoutait beaucoup l'opinion publique ainsi que les mauvais conseils de sa famille.

Tous les ingrédients étaient réunis pour subir une rapide et cuisante défaite.

Les origines de cette guerre.

Aux sources de ce conflit, nous trouvons le prince Otto Von Bismarck, chancelier de l'Allemagne du Nord. Il souhaite réunifier tous les landers du Sud afin de créer une grande Allemagne. Son intention est de provoquer l'empereur Napoléon III pour obtenir une unité de ces états indépendants.

L'occasion se présente avec l'Espagne. Le Roi vient d'être destitué par un coup d'Etat et le trône est proposé à un Prince de Hohenzollern. L'empereur français voit le risque important, de prise en tenaille, par des adversaires teutons. Il envoie une ambassade à Guillaume II pour infléchir cette décision. Le retrait est entériné. Bismarck est furieux et rédige un télégramme reprenant les derniers événements en termes insultants pour La France. Celui-ci sera envoyé à la presse et aux chancelleries. C'est la fameuse « Dépêche d'Ems » rédigée le 13 juillet 1870. Guillaume II congédie l'ambassadeur de France. Napoléon III, affaibli par la maladie et incapable de prendre une décision, écoute le peuple de Paris qui gronde et penche pour un conflit armé sur les recommandations du Conseil. Le 15, le Parlement vote les crédits nécessaires et le 19, Paris déclare la guerre à la Prusse. La France devient l'agresseur et tous les Etats allemands du Sud se liguent avec Bismarck.

Les débuts de la guerre.

Malgré sa grave maladie qui le diminue, Napoléon III décide de commander personnellement les armées en digne héritier de son oncle. Il nomme son épouse, régente de France, pendant son absence et emmène son fils de 14 ans avec lui pour lui apprendre les rudiments des armes. Le 28, il arrive à Metz, par le chemin de fer et réunit aussitôt un conseil de guerre où il découvre l'état lamentable de son armée.

Il décide en catastrophe de réorganiser celle-ci et la fait passer de trois armées en une seule, divisée en sept corps, repartis tout le long du Rhin. Cela, ajouté aux problèmes de mobilisation et de concentration des troupes, dues à l'incompétence et l'impréparation des états-majors, crée une très grosse pagaille. Un général télégraphiera à Paris *« Où sont mes régiments, je n'ai rien trouvé »*. Cela veut tout dire...

Le 4 août, 30 000 Prussiens traversent le Rhin et attaquent Wissembourg où se trouve entre autres, notre 74e Régiment d'Infanterie, bien connu des Normands. Celui-ci défend la ville où il se trouve rapidement encerclé et pris sous la canonnade allemande. Ce n'est que le premier combat, mais à cette occasion, Saint-Romain pleurera le premier de ses enfants. Il s'agit de Victor Alexandre Hauguel, matricule 4068, militaire au 74e. Les Français abandonneront sur le terrain 2 300 des leurs, tués ou blessés, soit la moitié des effectifs engagés. Première défaite sanglante d'une longue série qui suivra.

Deux jours plus tard, ce sera la bataille perdue de Frœschwiller-Woerth avec sa célèbre charge des cuirassiers français de Reichshoffen. Encore une cuisante défaite.

Malgré cela, le 7 août sera jour d'élection municipale dans notre ville. Jean Léonce Lemoine sera élu maire. Il ne sait pas encore, quelle sera son écrasante charge durant les prochains mois. Dans le Conseil municipal, on retrouve des noms connus comme Fidel, Brière, Vason, Cottard…. Ils devront prêter serment lors de leur installation « Je jure obéissance à la constitution et fidélité à l'Empereur »

Le 15 août 1870, à 10 heures du matin, une dépêche officielle urgente, émanant du sous-préfet est adressée aux maires de l'arrondissement dont celui de Saint-Romain. *« Je reçois de Mr le sénateur, Préfet, la dépêche télégramme suivante, faites partir immédiatement pour Paris, par les voies ferrées, toutes les Compagnies de Pompiers organisées, moins les hommes de plus de quarante ans. Faites les vivre en route par des réquisitions forcées. C'est un ordre du Ministère de la Guerre ».* Un autre message stipule. *« Ordonnance de Gendarmerie à transmettre aux maires des autres communes du canton où il existe une Compagnie de pompiers »* Ainsi 22 saint-romanais partiront manu militari pour Paris. Le départ aura lieu le 17, par le premier train du matin, depuis la station d'Etainhus sous le commandement du sergent Honoré Blondel. *« Ces hommes seront mis sous la sauvegarde des autorités civiles et militaires ».*

Devant les mauvaises informations provenant de l'Est, le Maire de Saint-Romain reçoit l'ordre de procéder au recensement des classes 1865, 1866, 1867,1868 et 1869. Il en sera de même dans toutes les communes de France. Une commission composée de huit conseillers municipaux aura la charge d'effectuer celui-ci. Le 12 août à 6 h 30 du soir, la mairie reçoit un télégramme du Sous-Préfet du Havre *« Exécuter immédiatement les dispositions suivantes. Convoyer d'urgence les gardes mobiles de votre commune des classes 1865 à 1869 et dirigez-les immédiatement sur Le Havre. Il sera pourvu à tous de logement. Chaque homme devra se munir de deux chemises et une paire de souliers. Leur solde provisoire sera d'un Franc par jour »*. Dans la classe 1866, on trouve le nom du garde mobile Emile Edouard Dégenétais.

Les jeunes mobiles des cantons de Saint-Romain et de Lillebonne appartiendront au 2e bataillon de la garde nationale mobile, 7e compagnie. Ils séjourneront quelques jours au Havre et le 18 août, ils monteront au Fort de Sainte-Adresse où l'on a trouvé de nouveaux fusils, modèles 1867, qui leur seront distribués. Ils remplaceront les fusils à piston de leur première dotation. Ils seront aussi dotés de nouvelles vareuses en drap. Le 29 août, après une courte formation, ils seront incorporés à l'armée d'active. Le 2e bataillon restera au Havre jusqu'au 12 octobre.

Avant d'aller plus loin, un petit rappel sur l'organisation des armées à cette époque. L'année de ses vingt ans, chaque jeune Français devait se présenter devant un conseil de révision pour être reconnu apte ou inapte au service. Il tirait aussi au sort un numéro. S'il avait la chance d'en tirer un bon, il était exempté d'armée, dans le cas contraire, il partait pour cinq ans de conscription. Mais, s'il « avait les moyens », il pouvait acheter un bon numéro et se faire remplacer par un chanceux.

L'armée régulière ou d'active. Elle est constituée de ces conscrits et de militaires de carrière. Elle sera envoyée dès la deuxième quinzaine de juillet sur les frontières de l'Est. Elle ne participera pas ou très peu à nos combats en Seine-Inférieure.

Félix FAURE, officier des mobilisés du Havre en 1870.

La garde mobile. C'est l'armée de réserve et elle sera créée « sur le papier » en 1868. Elle sera mobilisée par la loi du 16 juillet 1870 (le lendemain de la déclaration de guerre) et sera composée des conscrits des années 1865 à 1869 ayant tiré un bon numéro et étant célibataire. Elle sera levée au niveau départemental, début août 1870. Ils seront appelés les « moblots ». Ils participeront beaucoup à nos batailles locales. On peut voir, l'instruction militaire de ces jeunes hommes, sans aucune préparation, et très mal équipés. Comme je l'ai déjà dit, « *ils existaient sur le papier* » et les maréchaux disaient que l'on avait la meilleure armée… Pour la Seine Inférieure, elle sera constituée de cinq bataillons correspondant approximativement aux arrondissements. Le deuxième bataillon sera celui du Havre. Un sixième sera créé durant le conflit et sera dirigé par Félix Faure.

La garde nationale ou garde sédentaire. Elle sera organisée par la loi du 12 août 1870 et mobilisée par décret du 16 octobre 1870. Elle sera levée au niveau communal et commandée par des notables ou conseillers municipaux. Elle sera constituée d'hommes, âgés de vingt à quarante ans, célibataires ou veufs sans enfants. Elle sera étendue aux mariés et veufs sans enfants par décret du 7 novembre. Les hommes devront s'équiper eux-mêmes, en armes et vêtements. Les régiments seront formés en légion sous le commandement du Général Estancelin, ancien député de Dieppe. La légion havraise comptera 4 000 hommes, répartis en trois bataillons de huit compagnies. Elle sera commandée par le Colonel Hocquart, un châtelain des environs du Havre, ancien capitaine de frégate. Henri Alexandre Hyacinthe Hocquart, Comte de Turtot n'est pas un inconnu pour nous saint-romanais. En effet, il résidait au Château de Filières à Gommerville où il décèdera le 3 février 1901. Il était officier de la Légion d'Honneur. Cette garde manquera de tout, vêtements, armes, etc…

Les corps Francs ou Francs-Tireurs qui seront composés de volontaires (rarement plus de 100 par groupe) dirigés par un chef auto-proclamé. Ils seront en peu en marge des autres unités combattantes car ingérables. Ils manqueront également de tout, d'armes (ils utiliseront souvent les leurs), de vêtements militaires (ils combattront souvent en vêtements civils et seront fusillés en cas de capture, car non reconnus comme militaires) et aussi de nourriture, ce qui les obligera à piller des fermes et des maisons. Ils pourront donc être à la fois, héroïques, indisciplinés ou même voleurs. Ils prendront parfois des noms curieux comme « les Vengeurs de la Mort », « les Eclaireurs de la victoire, etc… Les saint-romanais se souviendront longtemps, de leur passage héroïque, mais aussi des voleurs et pillards, laissant un souvenir mitigé de leur action… le bien et le mal.

Devant les informations désastreuses venant de l'Est, le Conseil municipal décide de créer une caisse en faveur des victimes de la guerre. Une collecte de dons et de vêtements est lancée auprès de la population. Les élèves des écoles renoncent à leur prix de fin d'année et demandent que la somme récoltée soit versée à cette caisse.

Le 11 août, une souscription pour les blessés de « *la guerre de Prusse* » est lancée auprès des populations. Une somme de 901,30 Fr est recueillie. Nous retrouvons en tête de la liste des bienfaiteurs, les noms de Lemoine, maire, Vason, curé, Benoist et Brière, propriétaires, pour un don, chacun de 50 Fr.

Revenons au front de l'Est où notre armée essaie de résister. Du 15 au 19 août, des batailles se déroulent autour de Metz avec quelques victoires, mais la perte de quinze mille hommes. Le 20 août, le Maréchal Bazaine se réfugie dans la ville avec 173 000 hommes et est aussitôt encerclé. L'Empereur a la malheureuse mauvaise idée de faire de même et se trouve enfermé dans Sedan. Les Prussiens en profitent pour installer leurs canons sur les hauteurs et pour bombarder la ville. Un carnage… Le 2 septembre, Napoléon III se rend. C'en est fini de l'Empire. Après toutes ces défaites meurtrières et ces capitulations, il ne reste plus grand-chose de l'armée d'active.

Le 4 septembre, la Troisième République est proclamée. Gambetta décide de poursuivre la guerre à outrance. Malgré cela, les défaites se suivent et le 19 septembre, Paris est assiégé. La guerre est à deux cents kilomètres de Saint-Romain…

Le 14 septembre le maire reçoit un télégramme l'informant qu'un projet d'armistice a avorté.

La guerre arrive en Normandie

Le 7 octobre, une proclamation est affichée sur tous les murs de Normandie « *Aux armes ! L'ennemi entre dans notre province : Que chaque homme de cœur prenne son fusil et vienne le recevoir ! Sur les frontières de notre département des accidents de terrain, des bois profonds permettent une résistance efficace : que chaque arbre abrite un Tireur, que chaque obstacle soit défendu !* » Il réussira à enrôler 600 000 hommes, à se procurer 1 400 canons et à acheter 1 500 000 fusils à l'étranger. Malgré l'argent et les moyens humains, ces soldats resteront malheureusement inexpérimentés, mal armés et surtout mal commandés.

Le samedi 8 octobre, Gambetta parvient à s'enfuir de Paris assiégé, par ballon, et atterrit dans la région de Montdidier dans la Somme, puis passe par Rouen pour aller à Tours où se trouve le gouvernement. « *Votre contrée va devenir le grenier d'abondance de l'armée prussienne ; à vous de vous soulever et d'empêcher que cette honte ne s'accomplisse* ». Il va falloir se battre pour sauver sa patrie, sa maison, sa famille. Il est acclamé par la foule « *Vive Gambetta, vive la République* ». En effet, les 10 et 11 octobre, les premiers Prussiens sont vus du côté de Gournay-en-Bray, Vernon et Gisors.

Comme annoncé par Gambetta, le riche Vexin et le Pays de Bray deviennent, à partir de cette date, le théâtre de saccages, de pillages, de violences, d'incendies et d'exactions sur les populations. En effet, il leur faut, coûte que coûte, nourrir les troupes qui encerclent Paris.

Le premier drame arrive à Bazincourt-sur-Epte. De jeunes gardes nationaux ouvrent le feu sur des Prussiens, un combat meurtrier, pour les habitants et les militaires, s'engage et huit d'entre eux sont faits prisonniers. Comme vu précédemment les gardes nationaux ne sont pas dans l'armée régulière et doivent s'équiper eux-mêmes en fusil et tenue vestimentaire. Les Allemands avaient décidé que « *tout individu tombé aux mains des Prussiens ne serait traité en prisonnier de guerre que s'il justifiait de son appartenance à un corps régulier, reconnu par les détails de son uniforme »* alors que dire de nos soldats en guenilles. Cinq d'entre eux, furent ainsi, immédiatement fusillés. De nombreux autres furent sauvés, grâce à l'intervention du maire. Onze habitants furent pris aussi en otage et fusillés.

Il en fut de même du côté de Gournay, où de nombreux habitants furent exécutés, sans autre forme de procès et trois hameaux furent entièrement incendiés. La ville dut payer une forte amende et dut fournir du blé, de l'avoine et du bétail.

Le 16 octobre, la garde nationale est mobilisée par décret, à Saint-Romain comme dans toute La France. Le département demande aux communes de pourvoir financièrement à l'habillement, aux équipements et armements de ceux-ci. L'assemblée communale vote un budget de 10 000 Fr. Cette somme fut réunie grâce à un emprunt au taux de 5 %, remboursable en 10 ans. La plus grosse partie (8 000 Fr) ira pour les frais d'équipement des gardes nationaux mobiles, le reste sera pour la garde nationale sédentaire. Le 21 novembre, le Colonel Hocquart demande à la commune que les tailleurs de Saint-Romain réalisent des tuniques et des pantalons avec doublure pour que les mobilisés aient bien chaud. Le Conseil municipal résolut, sans plus tarder, de donner satisfaction au Colonel, se réservant le droit de réduire d'autant, la somme exigée par le département.

A partir de cette date, la garde nationale sédentaire s'entraîne tous les dimanches. Elle était constituée d'environ une centaine d'hommes.

Avec la prévision de la guerre proche, le travail se fait de plus en plus rare. Le 23 novembre, de nouveau, le Conseil municipal vote un emprunt de 4 200 Fr pour employer les chômeurs à l'extraction de cailloux et à l'entretien de la voirie. La commune envoie une lettre au préfet pour le mettre au courant de la dette communale suite à ces deux emprunts. Celui-ci fait la sourde oreille…

CAPITAINE STANISLAS HÉLOUIS (7e compagnie) Fait prisonnier au Combat de Bosc-le-Hard. Chevalier de la Légion-d'Honneur.

Mais revenons au 2e bataillon de la Garde Nationale de Seine Inférieure où nos locaux sont embrigadés. Le 12 octobre, celui-ci quitte ses casernements havrais et se rend à Rouen par le chemin de fer. Le chef de bataillon en est le lieutenant-colonel Welter. Notre 7e compagnie, composée de St-Romanais et de Lillebonnais, est dirigée par le capitaine Hélouis de Notre-Dame-de-Gravenchon, le lieutenant De La Rousserie et le sous-lieutenant Heuzé. La moitié du détachement est casernée, l'autre moitié est logée chez l'habitant.

Le 13 octobre, on leur distribue les havresacs qui leur manquaient. Mais ils manquent de tout, les tentes pour se protéger du froid, les effets comme les souliers et les vêtements chauds, les ustensiles de campement pour faire la cuisine et surtout la nourriture. L'intendance ne suit pas...

Dans la nuit du 14 au 15, le bataillon reçoit l'ordre de partir d'urgence. Le département venait d'être déclaré en état de guerre et les Prussiens étaient à Etrepagny. Une dépêche du général Estancelin nous dit *« L'ennemi attaque nos troupes, il est en marche sur Rouen ; envoyez la garde nationale armée dont vous pouvez disposer et l'artillerie »*.

Dès deux heures du matin, la moitié du bataillon, part à marches forcées, en direction Fleury-sur-Andelle, rejoint le lendemain par le reste des troupes, à Cressenville. Les forces en face, étaient commandées par le Prince Albrecht et comptaient environ 10 000 hommes, une brigade de cavalerie et une division d'infanterie. Le 29 octobre, déplacement de huit kilomètres vers le village du Mesnil-Verclives qui occupe un promontoire, plus facile à défendre et surtout qui permet de constituer un poste d'observation sur les vallées. Le premier novembre, un escadron d'uhlans vient tester nos lignes mais ils repartent aussitôt.

Dans la nuit du 5 au 6 novembre, l'ordre est donné de marcher sur le village de Thil en association avec la 1ere compagnie des Francs-Tireurs du Havre. Dans cette commune, un bataillon de mobiles de l'Oise tenait tête à 1500 Prussiens armés de quatre pièces d'artillerie et à deux escadrons de cavalerie. Devant l'arrivée de ce renfort, vers midi, les Prussiens se retirent, non sans avoir fait prisonnier, le curé ainsi que plusieurs habitants, volé 13 vaches, 40 sacs d'avoine, pillé et incendié de nombreuses chaumières et avoir exécuté un pauvre vieillard, Mr Gouffier qui avait eu le malheur de se trouver là. Notre bataillon voulait profiter de sa victoire et les poursuivre, mais l'ordre fut de se retirer !!! Cela fera polémique dans la presse locale, dès le lendemain. Notre 2ᵉ bataillon restera aux environs du Mesnil-Verclides.

Des mauvaises nouvelles provenant du Pays de Bray et annoncèrent l'arrivée du corps d'armée du général Manteuffel, fort de 60 000 hommes. La reddition du Maréchal Bazaine à Metz, le 27 octobre, avait permis de rendre disponibles tous ces hommes.

Etrepagny   30 novembre 1870

Changement d'officier supérieur du côté français. Le Général Briand est alors nommé, Commandant de la 2ᵉ division militaire, regroupant les troupes de l'Eure et de Seine Inférieure. Pour mieux le décrire, il est gravement malade, voit très peu, ne possède pas de carte de la région et a du mal à situer le positionnement de toutes ses armées. Il est un peu le reflet de l'état-major français... Aussitôt, il décide de faire une offensive sur Gisors. Dans la nuit du 29 au 30 novembre, il rassemble toutes les troupes à Ecouis. Il veut foncer, droit sur l'ennemi, de nuit, afin de les surprendre. Il répartit ses troupes en trois colonnes d'assaut. Dans celle de droite, on retrouvera le 1ᵉʳ corps des Francs-Tireurs du Havre qui devra avancer en direction de Thilliers-en-Vexin. Celle du centre, commandée directement par le Général Briand, ira vers Gisors. Celle de gauche, avec les Eclaireurs de la Seine du Colonel Mocquard, ira vers Trie-Château, sur la route de Beauvais. Le 2ᵉ Bataillon des Gardes Mobiles de Seine

Inférieure, Commandant Rolin, ainsi que le 12e Régiment de Chasseurs, lieutenant-Colonel Laigneaux, sont mis en réserve.

Vers neuf heures, la colonne du centre est sur le point de partir quand elle apprend que les Saxons du Comte de Lippe occupent Etrepagny sur la route de Gisors. Il est trop tard pour annuler et l'ordre de départ est donné. Ce qu'ils ne savent pas, c'est que les Prussiens sont arrivés le 29, qu'ils sont 1 200 avec deux escadrons de cavalerie et de l'artillerie, et que depuis qu'ils sont arrivés, ils font bombance comme à leur habitude. Ils ont réquisitionné tous les pianos du village pour faire la fête, chanter et danser. Ils avaient requis trois grandes maisons du centre pour cuver leur vin. De ce fait, vers minuit, les Normands purent traverser la moitié de la petite ville sans être repérés par une seule sentinelle. Les habitants et les Saxons furent réveillés par la fusillade. Ce fut un affreux spectacle. *« Les saxons surpris et terrifiés poussaient des cris effrayants, ils fuyaient effarés et tombaient en foule sous les balles de nos soldats »* Le carnage fut terrible *« Ceux que n'atteignirent pas les balles n'échappèrent pas aux baïonnettes »*. Vers une heure, le 2e bataillon est appelé en renfort et les 1ère et 2e compagnies prennent part à l'engagement. Les autres compagnies fouilleront toutes les maisons pour déloger les tireurs embusqués. Il n'y aura aucune perte parmi eux. A trois heures du matin, la fusillade cessa car les saxons avaient fui vers Gisors. Les pertes humaines seront de sept Français contre environ soixante morts et cent cinquante prisonniers du côté des Saxons. A la surprise générale, Briand décida de faire demi-tour au lieu de poursuivre un mouvement victorieux. Peu de temps après le départ des Français, l'ennemi revint à Etrepagny pour punir la localité de l'échec subi. Les habitants furent battus ou faits prisonniers, toutes les maisons (53) et les fermes des alentours (57) furent pillées et incendiées. Le bataillon reprit sa position au Mesnil-Verclives. Un monument commémoratif sera élevé en souvenir de cette triste journée.

Monument commémoratif 1870-1871

Buchy   4 décembre 1870

Rouen est sous la pression des troupes de Manteuffel. Une armée de 10 000 hommes, commandée par le futur Amiral Mouchez converge vers Buchy. Dans celle-ci, on retrouve les Francs-Tireurs Mocquards. Les ordres étaient mal donnés, l'intendance ne suivait pas (certains n'avaient pas mangé depuis la veille), les soldats étaient exténués pour avoir effectué sept lieues sous une pluie battante, dans un froid rigoureux et le ventre vide. Quoi qu'il en soit, vers quatre heures du matin, les Eclaireurs de Mocquard vont au-devant des Prussiens. Le combat s'engage et se poursuit jusqu' à dix heures du matin. A ce moment, ils durent céder le terrain devant des troupes trop importantes en nombre et se replier vers Rouen. En effet, en face, il y avait environ 40 000 Teutons… dont plus de trois cents, restés sur le terrain pour quelques Mocquards de décédés, mais aussi beaucoup de prisonniers qui n'avaient même pas eu la force ni la volonté de fuir…

Bosc-le-Hard Dimanche 4 décembre 1870

Suite au combat Etrepagny, nous avions laissé notre 2e bataillon de mobiles, constitué de jeunes gens de l'arrondissement du Havre, à leur cantonnement de Gaillardbois et de Cressenville. Ordre est donné au Général Briand de réunir son effectif et de marcher sur Paris. C'est l'euphorie parmi les troupes. Pourtant, il n'en est rien. Nos soldats se rendent à la gare de Fleury-sur-Andelle pour monter dans des wagons qui finalement les emmèneront vers Rouen, pour se placer sous les ordres du capitaine de vaisseau Mouchez. A midi, le train repart vers le Nord, direction la station de Bosc-le-Hard où il arrive vers deux heures. Les uhlans sont déjà là. Le bataillon débarque rapidement sous les balles ennemies. Le Commandant Rolin apprend que 4 000 Prussiens du 29e régiment et deux escadrons de cavaliers sont juste à côté à Critot. Un autre train arrive. Tout le monde pense que c'est le bataillon de marche qui vient en renfort. Ce n'est que l'intendant Gutzwiller avec quelques vivres et des officiers supérieurs porteurs d'ordres pour Mouchez qu'ils cherchent désespérément et qui n'est pas là. Entendant le canon tout proche, ces « braves officiers » rebroussent vaillamment leur chemin… en remportant les réserves de munitions.

Le 2e bataillon est abandonné à son triste sort. Rolin positionne la 7e compagnie de nos St Romano-lillebonnais sur sa gauche entre la gare et le bourg. Ils ont ordre de couvrir avec leurs mitrailleurs tout l'espace dégagé qu'ils ont devant eux. Les autres compagnies se positionnent sur la droite du village. Les Prussiens mettent en batterie deux canons sur la route de Buchy et trois sur celle d'Augeville. Ils ouvrent le feu, mais heureusement *« les projectiles passent au-dessus de nos têtes et détruisent entièrement le cimetière où pas une tombe ne sera épargnée ».* C'est le fusil Gras contre le canon. L'engagement durera presque deux heures. Les 1ere, 2e et 4e compagnies résisteront aussi dans un verger. A gauche le long de la voie ferrée, les tirailleurs de notre 7e compagnie avec l'aide de la 6e en renfort, luttent contre l'ennemi à bout portant et même à la baïonnette. Rolin donne l'ordre du repli mais celui-ci ne parviendra pas à Hélouis… L'ennemi contourne nos braves soldats et les encercle dans le village. Ceux-ci combattront avec un extraordinaire courage jusqu'au soir en épuisant toutes leurs cartouches. Faute de munitions, les troupes du Capitaine Hélouis doivent se rendre. Ils auront permis à toutes les autres compagnies du 2e bataillon du Havre, de se replier sans dégât, vers Rouen. Le bilan humain est très important pour notre 7e compagnie avec 4 morts dont les soldats Emile Dégenétais (journalier 24 ans) de Saint-Romain et Noël Leroux (cultivateur 23 ans) de Gommerville, 5 blessés dont 2 graves et 74 prisonniers.

Côté Prussien, le chiffre serait de 200 soldats mis hors de combat. Trois d'entre eux, le soldat Paul Muller et deux inconnus furent inhumés dans le cimetière. Le soir, pour se venger, ils prendront des otages à Bosc-le-Hard, qui seront déportés en Allemagne, trois d'entre eux n'en reviendront pas.

Ils fusilleront plusieurs Francs-Tireurs et abattront un mobile sur les marches de l'église Nos prisonniers français seront déportés au camp de Stralsund en Pomeranie Occidentale.

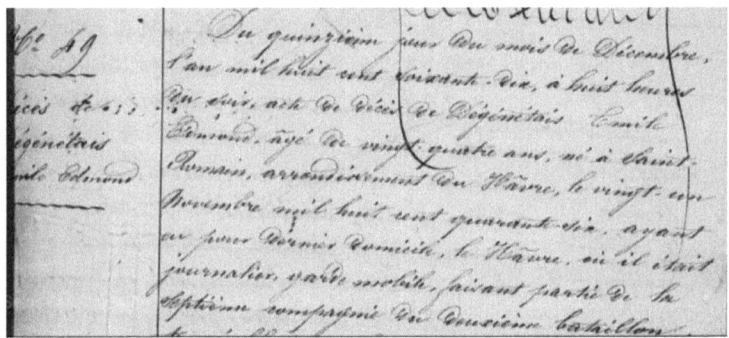

Le 23 janvier 1871, le capitaine Stanislas Hélouis envoie une lettre au maire de Saint-Romain pour lui donner des nouvelles des prisonniers saint-romanais. Ils vont tous bien malgré de nombreuses maladies. Heureusement, aucun n'a attrapé la petite vérole qui a déjà fait beaucoup de morts dans le stalag. Il pense à « *ses frères d'arme qui défendent leur pays* » et il espère que « *La France vive de meilleurs jours* ». Il signale aussi que les familles peuvent envoyer de l'argent par la poste. Les prisonniers seront libérés le 15 avril 1871 et leur retour se fera le 22 avril par le port de Cherbourg.

LE COMMANDANT ROLIN
Commandant le 2e bataillon de la
Mobile de la Seine-Inférieure.

Voici une petite partie du rapport envoyé au Ministre des Armées par le chef Rolin. *« Parti de Rouen à midi quinze pour porter du renfort à des troupes, qui étaient en pleine retraite à dix heures du matin, le deuxième bataillon de la Seine-Inférieure, sans vivres depuis la veille et pourvu d'un armement très défectueux, s'est trouvé seul, sans secours, sans communications et sans ordres, engagé avec une avant-garde ennemie de quatre mille hommes, précédant elle-même de quelques kilomètres un corps de douze mille Prussiens. Dans cette rencontre où il eut pu facilement être écrasé par le nombre, le deuxième bataillon, par sa belle contenance, a su en imposer à l'ennemi en lui infligeant des pertes sérieuses »*. Et voici le commentaire du Général Briand qui ne savait même pas quel bataillon avait participé au combat. *« Il parut surpris que nous n'ayons perdu qu'une centaine d'hommes, et il me dit qu'il était heureux que nous nous en soyons tirés ainsi et que nos pertes ne fussent pas plus étendues, croyant que tout le bataillon devait être fait prisonnier »*.Quel enthousiasme…

Le 2e bataillon ne participera plus à aucun combat (juste des patrouilles dans la pointe de Caux, sans rencontrer l'ennemi) jusqu'à la fin du conflit et sera licencié le 18 mars

1871. Le commandant Hélouis et le lieutenant Bocq seront élevés à l'ordre du bataillon. Stanislas Hélouis sera aussi décoré de La Légion d'Honneur, le 16 sept 1871. Il sera également élu maire de Notre-Dame-de-Gravenchon pendant 15 ans et nommé juge de paix à Lillebonne.

Nos deux cantons voisins ont beaucoup souffert en ce triste dimanche quatre décembre 1870.

ETAT NOMINATIF des Militaires tués, blessés ou prisonniers de la 7e compagnie au combat de Bosc-le-Hard (4 décembre 1870).

TUÉS

DUPONT (Albert), sergent-major, de Lillebonne.
LEROUX (Noël-Albert), garde, de Gommerville.
DÉGENÉTAIS (Emile), garde, de St-Romain.
MARIN (Emile-Pierre), garde, d'Hermeville.

BLESSÉS

BOUCHEZ (Georges), caporal, de Saint-Maurice-d'Etelan, une balle à la jambe.
DELAMOTTE (Alfred), garde, de St-Vincent-de-Cramesnil, une balle dans le pied (grave).
LEPRETTE (Charles-Césaire), garde, de Graimbouville, une balle dans la cuisse, l'autre cuisse fracturée (grave).
GAILLARD (Victor-Léon), garde, de St-Gilles, coup de baïonnette à la main.
BILLOU (Henri-Bertrand), garde, de St-Romain, coup de baïonnette dans le bras.

PRISONNIERS

HÉLOUIS(Stanislas) capitaine, de Notre-Dame-de Gravenchon.
LEMAITRE (Frédéric), caporal, de St-Vincent-de-Cramesnil.
HERVÉ (Frédéric), caporal, de St-Eustache-la-Forêt.
THIEULLANT (Albert), caporal, de la Cerlangue.

GOSSELIN (Jean), caporal, de St-Romain.

BOUCHEZ (Georges), caporal, de St-Maurice-d'Etelan.

BARRIAU(Victor), garde, de Graimbouville (mort en captivité).

LESOUEF (Jean), garde, de Mélamare.

CANIVET (Henri), garde, de Notre-Dame-de-Gravenchon.

LEROUX (Louis), garde, de Graimbouville.

LEPRETTE (Charles), garde, de Sainneville.

MENAGER (Jean), garde, de Gommerville.

LARREY (Emile), garde, d'Etainhus.

DELAMOTE (Alfred), garde, de St-Vincent-de-Cramesnil.

LEGOY (Adolphe), garde, de St-Eustache-la-Forêt.

LEBAS (Victor), garde, de Norville.

GALLE (Casimir), garde, de La Remuée.

EUDES (Théophile), garde, de St-Vigor.

LELEU (Constant), garde, de St-Romain.

BARRIAU (Alfred), garde, d'Etainhus.

BOUISSÉDE (Emile), garde, de St-Gilles.

LANGLOIS (Prudence), garde, de St-Gilles.

DONNET (Emile), garde, de Sandouville.

CORDIER (Jules), garde, de St-Vincent.

DESSOLLE (Augustin), garde, de Lillebonne.

LEVASSEUR (Léon), garde, de St-Laurent.

GUILMARD (Louis), garde, de la Cerlangue.

ROUSSELIN (Fortuné), garde, de St-Antoine.

DELAMARE (Louis), garde, de St-Vincent.

LEBIDOIS (François), garde, de St-Gilles.

BÉNIT (Albert), garde, de la Cerlangue.

LÉMÉTAIS (Paul), garde, de la Cerlangue.

LESUEUR (Louis), garde, de Lillebonne.

FOUQUIER (Henri), garde, de St-Romain.

ETIEMBLE (Etienne), garde, de la Cerlangue.

DROUET (Henri), garde, de Sainneville.

TORQUET (Hippolyte), garde, de St-Jean-de-Folleville.

GODARD (Henri), garde, de St-Nicolas.

LESEUR (Pascal), garde, de Lillebonne.

ROUSSELET (Louis), garde, de Tancarville,

LAINÉ (Paul), garde, de la Cerlangue.

LEMAITRE (Henri), garde, de Norville.

BARRIAU (Lucien), garde, de Graimbouville.

DONNET (Augustin), garde, de Sandouville.

DORÀNGE (Généreux), garde, de Grandcamp.

HÉROUARD (Louis), garde, de Graimbouville.

PICOT (Pierre), garde, de la Remuée.

GODEFROY (Anthime), garde de St-Romain.

BEAUFILS (Albert), garde, de Grandcamp.

MARAGE (Aldric), garde, de Gommerville.

MANOURY (Alfred), garde, de St-Vigor.

LECORDIER (Ferdinand), garde, de Sandouville.

PICANTIN (Henri), garde, de St-Aubin.

LEMAITRE (François), garde, de Gommerville.

BANCE (Alphonse), garde, de La Frenaye.

DUBOIS (Albert), garde, de Notre-Dame-de-Gravenchon.

DESCHAMPS (Arcade), garde, de St-Vigor.

ROLLAND (Eugène), garde, de Gommerville.

SAUTREUIL (Eugène), garde, de St-Gilles.

SIMINEL (Aldric), garde, de Graimbouville.

DUBOIS (Léon), garde, de Notre-Dame-de-Gravenchon.

TERNON (Pierre), garde, des Trois-Pierres.

GRISEL (Eugène), garde, de Sandouville.

CAHAGNE (Charles), garde, de Triquerville.

HÉBERT (Auguste), garde, de Mélamare.

LEROY (Vallère), garde, de St-Vigor.

GANTAIS (Sénateur), garde, de Lillebonne.

SOREL (Victor), garde, de St-Eustache.

LAMBERT (Henri), garde, de St-Gilles.

BICHOT (Alexandre), garde, de Norville.

MASSON (Augustin), garde, de Lillebonne.
LEMEILLE (Aristide), garde, de Norville.
CAYLA (Sénateur), garde, de Mélamare.
GAND (Henri), garde, de St-Nicolas.
BLANCHET (Eugène), garde, de St-Vigor.

Le sort en était jeté, plus rien ne pouvait empêcher les Prussiens d'envahir Rouen... Ce sera effectif le 5 décembre.

Le 2e Bataillon, moins la 7e compagnie prisonnière, s'était replié sur Maromme. Les hommes étaient exténués après 36 heures de marche, de déplacements, d'accrochages importants avec l'ennemi, le tout affamé et transis par un froid rigoureux (jusqu'à -8°). Malgré cela, le 5 décembre, à quatre heures du matin, ordre est donné de faire mouvement vers Maromme puis Rouen où après vingt minutes de pause, nouveau départ vers Bourg-Achard où ils arrivèrent vers cinq heures. Chacun espérait un peu de repos et un bon repas. Il en fut tout autrement. De nouveau le départ fut donné pour Pont-Audemer où soit-disant des vivres nous attendront...

Quel courage, quelle abnégation pour ces militaires fantômes. Soixante kilomètres en vingt heures dans la neige et le froid, le ventre vide, après toutes ces épreuves. Les fossés, tout le long du trajet furent remplis de corps raidis par le gel, accrochés à leur fusil devenu bien inutile. Un médecin militaire dira qu'au moins 250 hommes moururent dans ces conditions. Il en fut de même pour tous les régiments et bataillons qui étaient sous les ordres du Général Briand soit plus de 20 000 soldats. Encore l'incompétence de cet officier qui envoie ses troupes en déroute par le sud de La Seine, qu'il faudra bien à un moment ou à un autre, traverser pour rejoindre Le Havre. Heureusement, aucun régiment prussien ne décida une contre-offensive sur cette armée misérable. Le carnage fut évité.

Après quelques heures de repos bien mérité, toute l'armée reprend le chemin de Honfleur. Mouchez enverra dans cette ville tous les navires et embarcations disponibles au Havre. Le 2ᵉ bataillon rejoindra finalement l'autre côté de l'estuaire sur le steamer François 1ᵉʳ. Il sera hébergé au Fort de Sainte-Adresse et au pavillon de la Reine Christine. Suite à ce fait d'arme peu glorieux du commandant Briand, le commandement de la place forte du Havre sera confié au

Capitaine de vaisseau Mouchez

capitaine de vaisseau Mouchez. Mais celui-ci n'en voulait pas car il était un marin et il ne connaissait rien sur les tactiques terrestres des armées. Il écrira plusieurs courriers au ministère de la guerre pour qu'on lui trouve rapidement un remplaçant. Dommage car il était un excellent officier.

Guy de Maupassant qui était parmi ces 20 000 hommes dans cette « retraite de Russie Normande » nous en fait le récit dans sa nouvelle « L'horrible ». *« Les hommes, courbés, voûtés, sales, souvent même haillonneux se traînaient, se hâtaient dans la neige, d'un long pas éreinté. La peau des mains collait à l'acier des crosses, car il gelait affreusement cette nuit-là. Souvent je voyais un petit moblot ôter ses souliers pour aller pieds nus, tant il souffrait dans sa chaussure ; et il laissait dans chaque empreinte une trace de sang. Puis au bout de quelque temps il s'asseyait dans un champ pour se reposer quelques minutes, et il ne se relevait point. Chaque homme assis était un homme mort ».*

Les Prussiens à Saint-Romain.
9 décembre 1870

Depuis plusieurs jours, les nouvelles sont mauvaises. Rouen est occupé par l'ennemi, l'armée est en déroute. Le 6, l'ennemi est annoncé à Yvetot. Le marché n'a plus lieu depuis un certain temps. La vie est morose. On ne parle plus que de la guerre. Les habitants ont peur de sortir de chez eux, craignant de croiser un casque pointu au coin de leur maison. Tout le monde sait de quelles exactions, ils sont capables.

Le 6 décembre, c'est la mobilisation et le départ de notre Garde Nationale pour Le Havre. Elle se trouve sous les ordres des capitaines Théodule Benoist et Blondel, du Lieutenant Décultot et du Sous-Lieutenant Feray.

Ce même jour, le général Prussien Manteuffel reçoit l'ordre de préparer une expédition sur Le Havre. Celle-ci sera sous les ordres du général Brandenbourg.

Le vendredi 9 décembre, vers quinze heures, un groupe de 160 uhlans de la Garde Royale pénètre dans Saint-Romain. Ces soldats ennemis étaient envoyés en éclaireurs par le Comte de Brandebourg qui commandait les troupes d'invasion du Havre, sous les ordres du Général Von Goeben. Ils réquisitionnent de force, de grosses quantités de nourriture pour eux et leur monture. C'est le début.

Dans la nuit du 9 au 10, c'est l'arrivée de 3 500 hommes, fantassins, artilleurs et hussards. De très nombreuses pièces d'artillerie les accompagnent. Les ennemis réclament toutes les armes détenues par la population et les emmènent pour les casser.

Le 11, de nouveau, 3500 hommes supplémentaires arrivent et occupent le centre du bourg. Ils sont exténués de fatigue et en attendant qu'on leur trouve un hébergement, ils se couchent et s'endorment sur la place malgré l'épais manteau neigeux qui la recouvre. En dépit de l'épuisement des hommes, une partie de troupes ennemies part en reconnaissance vers Gainneville où ils sont attendus en haut de la côte d'Harfleur, par les avant-postes de la défense avancée du Havre, qui les accueillent à coups de fusil. Ce sont les Mocquards qui les arrêtent et leur infligent de sérieuses pertes.

Dans la nuit du dimanche au lundi, tous les officiers qui commandent les détachements stationnés à Saint-Romain, se réunissent en urgence. La situation est alarmante pour les armées engagées en Seine Inférieure. Sous le commandement du Général Faidherbe, on signalait de gros succès français du côté de Paris et les Prussiens risquaient de se voir encerclés. Ainsi, dès le lundi, six heures, les troupes ennemies quittèrent rapidement notre région pour remonter vers Amiens. En partant les Allemands *disaient « Ah ! Malheur !, Malheur ! »*

Le 13, il ne restait plus dans le bourg que quelques traînards au nombre de neuf que les Mocquards firent facilement prisonniers en effectuant une reconnaissance pour se rendre compte du départ effectif des Allemands. Saint-Romain était vide de tout ennemi. Finalement les Mocquards resteront dans la commune, bientôt rejoints par d'autres détachements dont la 1ere compagnie du 3e hussard.

C'était la joie parmi la population. A partir de cette date et jusqu' à fin janvier, Saint-Romain sera successivement occupé par l'un ou l'autre des belligérants au gré des attaques et contre-attaques.

Le bonheur d'être libéré fut de courte durée.

Le premier combat. 18 décembre 1870.

Dans la matinée, une mauvaise nouvelle venait de Bolbec. Une soixantaine de dragons prussiens sont vus Place de l'église et prennent la direction de Saint-Romain.

Mais tout d'abord, faisons une petite présentation du 3e hussard auquel appartiennent les six héros de ce premier combat. Depuis le début de la guerre, ils étaient sur tous les fronts. Ils étaient à Sedan qu'ils ont réussi à fuir. Puis nous les retrouvons dans le pays de Bray où ils participent à de nombreux accrochages victorieux à Gournay, et St-Germer. A Ecouis, le lieutenant Beuve avec douze hussards met en déroute un escadron d'uhlans. Un avant-goût de Saint-Romain... Le lieutenant sera traversé de six coups de lance et un Général Prussien dira *« Je n'ai jamais vu un officier si vaillant ».* Le régiment sera aussi de la triste journée de Buchy. Ensuite, il rejoindra Le Havre où restera seulement le 1er escadron pour la défense de la ville, sous le commandement du Colonel de Beaumont, le reste du contingent ira à Cherbourg. Voici le tableau dressé.

En ce milieu d'après-midi de dimanche, à l'heure des vêpres, il règne une certaine animation dans le bourg. Un premier groupe, fort de 70 dragons ennemis, venant de Bolbec, est annoncé en direction des Trois-Pierres sur la route de Paris. Il se trouvait bien à l'entrée du bourg quelques Francs-Tireurs. Dès que le maréchal des logis Bertrand apprend la nouvelle, il décide de partir à la rencontre des prussiens. Il demande cinq volontaires pour l'accompagner dans cette périlleuse escapade. Voici les noms de ces six braves. Le maréchal des logis Bertrand, le brigadier Ronger et les hussards, Laurent, Brassard, Champion et Pellerin. Les saint-romanais présents essayent de les dissuader de partir car c'est beaucoup trop dangereux. Rien n'y fait, les hommes sautent sur leurs chevaux qui se trouvaient près des halles et le détachement prend la direction de la chapelle de la maladrerie, accompagné d'un groupe de Francs-Tireurs. De nombreux habitants piqués de curiosité coururent derrière eux jusqu'à la briqueterie. Arrivé près de la bifurcation des routes menant au hameau d'enfer et à la route nationale, Bertrand s'arrête et évalue la situation. Puis il se porte vers le hameau du Coq d'Epine. De là, il peut voir les soixante-dix dragons bleus de la Reine Augusta, à découvert, au milieu de la plaine et répartis en ordre de bataille, en trois pelotons. Nos six braves se dispersent, chargent leurs armes et marchent en avant. Ils essuient deux rafales de balles ennemies qui sifflent dans leurs oreilles et tirent à leur tour. Devant tant de détermination, les Prussiens reculent. Six des leurs sont hors de combat.

Ronget demande alors à Laurent d'aller voir en éclaireur sur la droite si les Prussiens n'essayent pas de les contourner. En approchant l'ennemi, il reçoit alors une balle qui lui brise la main, lui coupe un doigt et casse la crosse de son fusil. Il n'en poursuit pas moins sa route, en chargeant sabre à la main. Il est aussitôt entouré par vingt ennemis, mais il se bat comme un lion. Une balle le frappe au poitrail et il tombe de cheval. On s'acharne sur lui à coups de sabre et il va succomber sous le nombre quand un capitaine allemand donne l'ordre d'arrêter, lui tend la main et lui ordonne de se rendre. Son sang s'écoule par neuf plaies. Il est évacué sur une ferme voisine pour recevoir les premiers soins et il est aussitôt interrogé par le général Manteuffel en personne, puis transporté vers Bolbec pour recevoir des soins.

Ne voyant pas Laurent revenir, l'ardeur des hussards est décuplée. L'accrochage dura une heure, Champion reçut une balle dans la jambe gauche et Pellerin était blessé à l'épaule. Ils n'ont plus qu'une balle chacun. Ils décident de feindre la retraite. Les Prussiens les suivent en leur intimant l'ordre de se rendre en agitant leurs mouchoirs et sabres. Nos vaillants Français font alors volte-face et foncent sur l'ennemi. Arrivés à vingt pas, ils déchargent leur dernier tir et chargent, le sabre à la main, culbutant le premier rang. Les dragons sont affolés et font demi-tour. C'est la débandade. Ronget les poursuit encore pendant deux cents mètres. Nos cinq braves en revenant à Saint-Romain sont acclamés par la foule en délire qui les attendait.

Un peu plus tard un petit groupe de Prussiens vint rechercher les morts et les blessés qui étaient restés sur cette vaste plaine des Damettes. On ne saura jamais le nombre exact des pertes humaines. Dans leur empressement, ils en oublièrent un. Le lendemain matin, deux ouvriers agricoles retrouvèrent un cadavre dans le fossé d'une ferme et le ramenèrent sur la place. Il s'agissait du soldat Rowalsky du premier régiment de dragons. Il fut inhumé religieusement dans le cimetière protestant de la commune. Les Allemands, mis au courant et profitant d'une absence momentanée des troupes françaises, envoyèrent un officier de cavalerie pour remercier Mr Brière adjoint au maire, Mr Lemoine étant absent à cet instant.

A l'instant où se produisait ce premier fait d'armes, une soixante de Vengeurs de la Mort que l'on appelait aussi la Guérilla Rouennaise et ayant à leur tête le capitaine Vacquerel, furent prévenus qu'un détachement d'une cinquantaine de dragons s'acheminait vers Saint-Romain par la route de Lillebonne. Une douzaine de ceux-ci se détachèrent de la colonne principale, pour attaquer une ferme au sud-est où était entreposé le matériel des Francs-Tireurs rouennais. Le capitaine Vacquerel attendait leur retour à la colonne principale et avait embusqué une trentaine d'hommes dans une ferme. A leur passage, il fit saluer, d'un feu de tirailleur nourri, les cavaliers et les mit en déroute avec de nombreuses pertes. Cependant les Prussiens se reformèrent un peu plus loin et tentèrent de cerner les Vengeurs dans la ferme, mais attaqués à la baïonnette, ils disparurent définitivement.

Dans le même temps, d'autres petits accrochages eurent lieu. Tout d'abord, deux Prussiens poursuivent jusqu'aux abords du bourg un éclaireur et lui tirent dessus sans l'atteindre. Néanmoins, il sera désarçonné de sa monture qui sera récupérée par les deux hommes qui repartiront avec. Ensuite, des hussards tirent sur quatre prussiens qui traversent le bourg et en blessent un qui s'incline sur sa monture. Les cavaliers allemands, blessés ou tués, ne tombaient pas de leurs chevaux, car beaucoup étaient attachés dessus afin de ne pas être capturés...

Le lendemain 19 décembre, en milieu de matinée, un escadron de Prussiens revient dans le bourg, l'occupe jusqu'à midi et repart. Peut-être, ont-ils été informés qu'une armée sortait du Havre et se dirigeait vers Saint-Romain. En effet, le commandant Mouchez, apprenant les victoires de la veille, voulait profiter du désarroi des ennemis et essayer de les chasser de l'arrondissement. Le soir même, l'infanterie et la cavalerie havraise étaient cantonnées autour du centre.

Le lendemain, plus de 4 000 hommes d'infanterie munis de nombreuses pièces d'artillerie arrivèrent par la route nationale. Les Vengeurs et les Mocquards étaient de nouveau à Saint-Romain. Les Vengeurs se signalèrent par le non-respect d'autrui et beaucoup de commerces furent vidés par ces soldats peu scrupuleux. Les Mocquards n'étaient pas en reste avec le vol et les saccages d'autant que le Colonel Mocquard avait établi son quartier général dans la maison de Mr Gilles, fumiste. Les saint-romanais gardèrent longtemps le souvenir de leur passage...

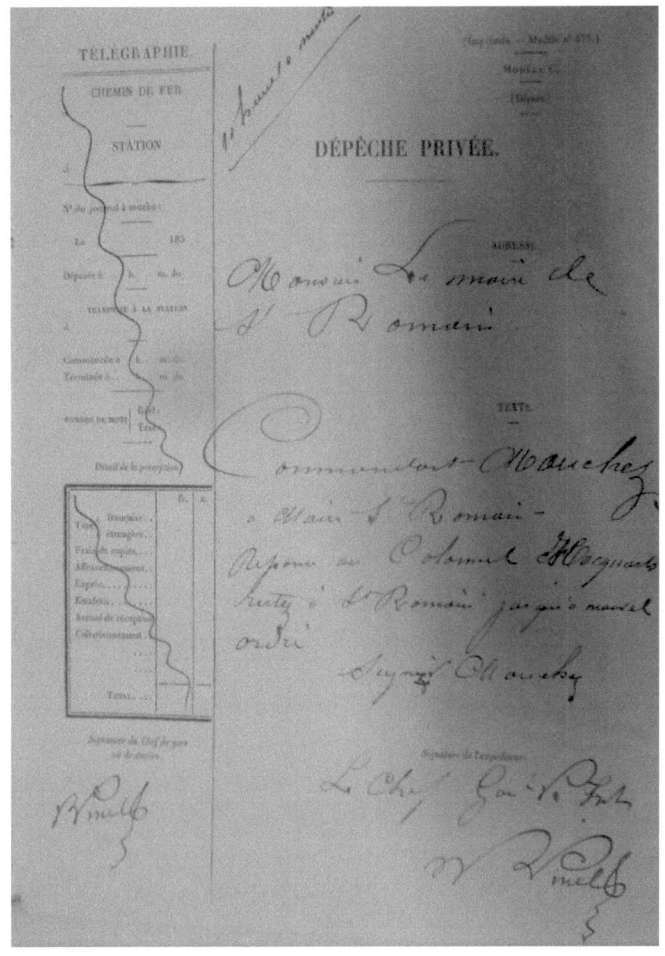

Ordre du capitaine Mouchez

Le 21 décembre, départ des troupes vers Bolbec. On annonce des Prussiens traversant le Pays de Caux en provenance du Nord. Saint-Romain retrouve son calme.

Le 22, c'est jour d'éclipse totale du soleil. Qu'est-ce que cela annonce... certainement encore des malheurs.

Le 23 décembre, Mouchez qui avait demandé plusieurs fois à être remplacé, a été entendu. On lui envoie un remplaçant, le général Peletineas qui arrive au Havre le 29. C'est un colonel de gendarmerie, nommé général pour cette occasion. Il est applaudi par la foule et clame ces paroles. *« Je viens me mettre à la tête des braves troupes réunies dans cette patriotique cité qui veut se défendre. Comme général et comme citoyen, je vous promets de vous mener à l'ennemi. Ma devise est « vaincre ou mourir ! »*. Malheureusement c'est encore un triste officier incapable. Dès le 7 janvier, il souhaite partir pour Caen avec 25 000 hommes et abandonner Le Havre. L'armée est démoralisée. Il demandera au gouvernement de lui donner un autre poste *« n'importe lequel, n'importe où mais surtout loin du Havre »* ! Finalement, il partira seul pour Cherbourg et sera remplacé le 10 janvier par le général Loysel.

Le 24, de nombreux accrochages non coordonnés ont lieu du côté de Bolbec, de Beuzeville et de Nointot. C'est un peu la pagaille entre les Francs-Tireurs, les Mocquards et les mobilisés du Havre. Chacun fait à sa guise par manque de liaison. Le lieutenant-colonel de Beaumont, qui soi-disant dirige les combats, se laisse intimider par de fausses informations et dans ce capharnaüm décide d'un repli généralisé sur Le Havre. Et pourtant, ses troupes étaient victorieuses en ayant causé de fortes pertes aux Allemands (80 morts). Saint-Romain revoit donc les troupes passer en débandade mais dans l'autre sens. L'inquiétude revient parmi la population.

Du 25 décembre au 3 janvier, St Romain est soit libre, soit occupé au gré du flux et du reflux des troupes, allant et venant. Cette situation était très compliquée pour les villageois. Quelles drôles de fêtes de fin d'année...

L'année 1871 ...

Le 4 janvier 1871, après plusieurs marches et contre-marches, les Français, cantonnés entre Lillebonne et Saint-Romain, se replient.

Le 5 janvier, 12 cavaliers prussiens s'installent à La Remuée, à quatre kilomètres de Saint-Romain.

Le 6, vers 9 heures du matin, 109 cavaliers prussiens avec de l'artillerie traversent Saint-Romain en direction de Gainneville. Après avoir effectué quelques tirs d'artillerie sur les Français, ils sont de retour dans le centre et s'installent dans une pièce de terre appartenant à Mme Teterel. Mr Brière, adjoint est mandaté par l'officier supérieur qui lui intime l'ordre de leur servir un excellent repas et *« « du champagne ou kapout Français » »*.

Tous les hôteliers et aubergistes de la commune furent réquisitionnés rapidement et leur portèrent des brouettes chargées de victuailles. Le ventre bien rempli, ils partirent en milieu d'après-midi vers Bolbec.

Pendant une huitaine, plus une seule occupation n'eut lieu sinon des passages de patrouilles des deux belligérants.

LE GÉNÉRAL LOYSEL
Commandant l'Armée du Havre en Janvier 1871

Le 10 janvier, le général Loysel est envoyé au Havre avec pour mission, d'organiser un corps d'armée de 25 000 hommes, chargés d'opérer en avant de la ville. Le préfet Ramel avait demandé un général « *énergique et intelligent* ». Pourtant, ce sera encore un officier un peu bizarre qui aimait beaucoup l'apparat, les prises d'armes au détriment des combats, circuler avec deux escadrons de cavaliers en escorte et qui ne prendra pas toujours les bonnes décisions.

Le 13 janvier, des cavaliers ennemis sont aperçus dans les environs de Saint-Romain. Ce sont des éclaireurs qui viennent repérer les positions adverses.

Le 14 janvier, retour des Français. Il y avait là les Eclaireurs de la Seine du colonel Mocquard, commandé par l'officier Mabille, les Vengeurs de la Mort, les Francs-Tireurs du Havre, d'Elbeuf, des Andelys, de Rouen et du Nord. Les officiers réquisitionnent des logements et logent chez l'habitant. La troupe est hébergée dans les fermes alentour. De nouveau comme à Bolbec juste avant Noël, il n'y a aucune coordination entre les différents corps, peut-être même une rivalité d'officiers… Donc aucun plan de défense structurée n'est mis en place.

Le deuxième combat   15 janvier 1871

En ce dimanche 15 janvier, des dragons du 10e régiment de la Prusse Orientale sont signalés, marchant vers Saint-Romain. C'est un peu l'effroi chez les officiers, il faut prendre des décisions immédiates. Il est onze heures du matin, la population est à la grand-messe quand on annonce les Prussiens au hameau d'enfer. Ils sont 150 cavaliers et 200 fantassins armés de deux canons. Arrivée à la chapelle, la section d'artillerie de campagne du régiment N° 1 met en œuvre son artillerie et tire une quinzaine d'obus sur le bourg. Trois maisons sont atteintes et subissent des dégâts assez importants. Dès les premiers coups de canon, les Vengeurs de la Mort détalent vers Gainneville avec les Francs-Tireurs d'Elbeuf et des Andelys. On pensera longtemps que c'était les Mocquards qui avaient fui. Bientôt, une fusillade se fait entendre du côté d'Amontot. Les Prussiens viennent de se heurter aux Francs-Tireurs cachés dans la ferme Benoist. Les compagnies des Mocquards, qui étaient dans Saint-Romain, entendant cela se portent rapidement vers l'Est et engagent le combat. Une compagnie d'artillerie qui se trouvait à Mélamare, en entendant le bruit, engagea une action opportune, leur faisant penser à un encerclement. Devant la violence de l'escarmouche, les ennemis quittent le combat et se replient vers Bolbec. Très mécontents de leur infortune, les Prussiens en colère, incendient le Château de Tous-Vents à Bolbec, tirant sur les pompiers qui venaient l'éteindre. Ils mettent le feu aussi à huit maisons du bourg. Les Français n'eurent qu'un seul blessé à la main par un éclat d'obus. L'ennemi eut une vingtaine d'hommes mis hors de combat dont deux officiers et deux prisonniers. Ils abandonnèrent aussi quatre cadavres de chevaux, un près de la ferme de Me

Fréval, un autre près de la ferme Nordet, un troisième devant la maison de Mr Marcel Renault et enfin un quatrième près de la chapelle.

Les Mocquats restent et améliorent leur position. Plus tard, on apprendra que cette victoire française était en fait une diversion pour masquer une opération, en vue de dynamiter le viaduc de Mirville. Les trois premières arches du côté Rouen furent détruites vers 4 heures.

Ignorant cette destruction, le général Loysel envoya une compagnie d'éclaireurs vers Mirville via Manéglise et Graimbouville. En chemin, cette escouade, apprenant le dynamitage du viaduc, fit demi-tour. Résultat, trente-six kilomètres d'effectués sous la pluie et la neige, sur des chemins verglacés, pour rien, avec de nombreux blessés à cause des chutes.

Le 16 janvier, les Mocquards du commandant Mabille qui étaient restés seuls, sont rejoints par les Francs-Tireurs du Havre, de Rouen et du Nord ainsi qu'une section des Chasseurs Eclaireurs de Bolbec. Toutes ces troupes étaient au bord de l'épuisement, suite à des allers et retours inutiles, à travers la région couverte de neige et sur des chemins verglacés. Aux rigueurs de la guerre, s'ajoutaient en effet, ceux d'un hiver très, très, dur. Ils n'espéraient qu'une chose, retourner à l'arrière pour se reposer.

Le colonel Hocquart, qui se trouvait dans les environs, vint haranguer les troupes et réussit à les décider de rester. Les Mocquards s'installèrent dans la ferme Guérin, le long de la route nationale. Les fermes d'Amontot furent occupées par les Francs-Tireurs de Rouen, de Bolbec et du Havre, commandés par Fréderic Bellanger. Deux compagnies de Francs-Tireurs du Nord s'installèrent dans la ferme Laperdrix, route de La Cerlangue. Ils furent laissés sans informations sur les événements. Encore une bévue du commandement. . Il y avait aussi nos cavaliers du 3eme hussard.

Le troisième combat   17 janvier 1871.

Dès le matin, le commandant Mabille avait détaché vers l'Est, deux cavaliers du 3e hussard. Ils avaient ordre d'aller en reconnaissance vers Les-Trois-Pierres. Vers 10 heures, les deux hussards revinrent, à bride abattue, annonçant la marche sur la route de Paris, d'un bataillon de plusieurs centaines d'hommes et de cavaliers. Ils n'avaient échappé à la poursuite d'un escadron de cavaliers qu'en galopant à travers champs. Les forces havraises étaient disposées en arc de cercle depuis la ferme du Coq d'Epine au Nord, en passant par le bourg et se prolongeant jusqu'à la ferme d'Amontot au Sud.

Le colonel prussien Frantzius désirait tâter les avants-postes de la défense du Havre. L'armée allemande, déployée en trois colonnes, se présenta donc vers midi devant Saint-Romain défendu par les Francs-Tireurs du Nord (capitaine Janssens), les Eclaireurs rouennais (capitaine Desseaux), la 2e compagnie des Tirailleurs havrais (Lieutenant Fréderic Bellanger), les Chasseurs Eclaireurs de Bolbec (capitaine Pimont), les Eclaireurs de la Seine (Mocquard). Du côté allemand, il y avait les 10e et 12e compagnies du 8e régiment de la Prusse Orientale n° 45, le 4e escadron du régiment de dragons de la Prusse Orientale n° 10, une section d'artillerie de campagne du régiment de la Prusse Orientale n°1 et la 1ere compagnie de pionniers de campagne.

En éclaireurs, les dragons allemands avancèrent jusqu'au hameau de Sotteville par la route nationale. Les Mocquards étaient embusqués dans la ferme du Coq d'Epine et les reçurent par une fusillade nourrie. Ce peloton, ainsi qu'un escadron apparu derrière lui, esquissèrent alors un repli.

Mais cette opération n'avait que pour objet de masquer l'arrivée vers la chapelle de deux canons de gros calibre. Ils mirent donc en place, à 600 mètres du bourg, ces deux pièces d'artillerie pour arroser toutes les fermes alentour. Une autre petite pièce ouvrira le feu avec des obus en direction de la ville, endommageant quelques habitations. C'est alors, qu'une compagnie des Eclaireurs et des Francs-Tireurs de La Seine, s'avancera jusqu'à eux et réduira au silence les servants.

L'infanterie allemande attaqua les Français en trois points et la cavalerie allemande porta son attaque sur la ferme Duparc où se trouvait une trentaine de Francs-Tireurs de La Seine sous les ordres de Julliard. Ceux-ci défendirent longtemps ce point, mais durent reculer sous le nombre et la puissance des assaillants. Toutefois, comprenant l'importance de cette position, Julliard s'élança de nouveau en avant avec l'aide des Francs-Tireurs du Nord du capitaine Janssens et dans un élan remarquable, ils reprirent la ferme Duparc par une attaque à la baïonnette.

Dans le même temps, une colonne prussienne profitant d'un chemin encaissé, à l'abri des balles, essaie de déborder le flan à l'extrême droite. Le commandant Mabille des

Eclaireurs de La Seine comprenant la tactique, envoie une compagnie derrière un talus et les arrose d'un feu nourri. Les Allemands se replient en débandade dans un grand désordre.

Partout, du reste, sur toute la ligne, on sut faire son devoir. Voici par exemple, d'après le rapport officiel du capitaine Anatole Pimont comment les Chasseurs-Eclaireurs de Bolbec prirent part à l'action *: « « Après nous être mis en bataille, embusqués à la ferme Benoist, nous montâmes abrités par la ferme Drieux, occupée par la cavalerie qui cernait une section de la 4e compagnie du Havre, aux ordres du capitaine Roux, embusquée dans cette plaine, Nous nous déployâmes en tirailleurs, à découvert. La compagnie de Bolbec tenait la droite, la 2e compagnie des Tirailleurs havrais la gauche, jusqu'à la ferme Drieux. Cette position enlevée, nos Chasseurs-Eclaireurs commencèrent un feu à volonté de 350 mètres sur un groupe de dragons et de fantassins, qui se retirèrent sous les fermes d'Amontot, en passant sous notre feu. Plusieurs Prussiens et quelques chevaux furent tués. Immédiatement, l'artillerie prussienne dirigea son feu sur nous à sept cents mètres, tandis que trois compagnies nous criblaient de balles. Sous les projectiles, nous avançâmes alors de soixante mètres, espérant pouvoir gagner l'extrémité de la ferme Drieux au Nord. Pendant ce trajet, nous perdîmes le tirailleur Louis Hauguel, le tirailleur Paul Caufournier frappé mortellement, le sergent Moureux frappé d'une balle au ventre, le caporal Boutier frappé d'une balle au bras, le lieutenant Avenel contusionné par une balle qui avait frappé sur le tire-balle de sa cartouchière. Le feu devenant de plus en plus vif, les Eclaireurs de Bolbec durent s'abriter dans le fossé sud de la ferme Drieux » ».*

Les soldats Caufourier et Hauguel furent tués par des éclats d'obus. Paul Caufourier n'avait que 21 ans. Il avait été exempté d'armée pour des problèmes visuels et s'était engagé volontairement dans les Francs-Tireurs de Bolbec. Une rue de Bolbec porte son nom. Il sera inhumé le 24 au cimetière monumental de Bolbec où l'on pouvait lire sur sa pierre tombale « « *Agé de 21 ans et demi, engagé volontaire, aux Francs-Tireurs de Bolbec, mort au champ d'honneur, à St-Romain-de-Colbosc, le 17 janvier 1871, ceux qui*

Tombe de Paul Caufourier

pieusement sont morts, pour la Patrie, ont droit qu'à leur cercueil, que la foule vienne et prie, De Profondis » » Louis Ernest Hauguel était né au Tilleul le 22 novembre 1840. Il exerçait le métier de maréchal-ferrant au Havre et avait épousé le 13 mai 1862, Marie Lemonnier.

A un dernier moment, les Allemands voulurent tenter de rompre cette solide défense. Une colonne ennemie forte de trois cents hommes se rua sur la ligne des tirailleurs. Elle fut prise à partie par une canonnade commandée par le lieutenant Maupoix provenant d'une ferme qu'ils croyaient inoccupée. Les Allemands se sauvèrent de toutes parts, laissant quatre morts sur le terrain et 10 blessés.

C'est au cours de cet accrochage, lors d'un changement de position, entre deux fermes, que fut tué le lieutenant Fréderic Bellanger de la 2e compagnie des Eclaireurs havrais. Il fut frappé mortellement d'une balle en plein cœur. « « *A un moment donné, dit le Journal du Havre (21 janvier 1871), le lieutenant Bellanger, fit remarquer au capitaine A. Pimont , des Eclaireurs de Bolbec, placé à sa droite que la position n'était plus tenable, il commanda un premier mouvement de retraite, lorsqu'à quinze pas du fossé, il fut atteint sous le sein gauche. Il poussa un léger cri et tomba sur les genoux. Le capitaine A. Pimont crut qu'il avait été atteint aux jambes et s'avança pour l'aider à se relever, mais l'infortuné lieutenant était mort, la face contre terre* » ».

Cette nouvelle fit au Havre, une douloureuse impression. « « *Frédéric Bellanger y était fort aimé. Fils d'ouvrier et ouvrier lui-même, il était parvenu, par le travail et l'étude, à diriger un atelier important de mécanique. Il s'était dévoué en même temps à l'instruction des ouvriers au point, de vue professionnel et avait fondé la Société d'instruction mutuelle du Havre. Deux fois élu membre du Conseil municipal, il n'avait que trente-deux ans. Il avait été un des organisateurs et des premiers engagés de la 1ere compagnie des Eclaireurs havrais* » ».* Il appartenait aussi à la loge Franc-Maçonnique. Il était ami avec Félix Faure et Jules Siegfried qui l'estimaient grandement.

Son corps fut ramassé sur le terrain par Alexandre Benoist, le frère du futur maire, Théodule. Il était né le 17 septembre 1838 à Romilly-sur-Andelle et avait été élu deux fois au Conseil municipal du Havre en 1865 et 1870. Ses obsèques eurent lieu, le 19 janvier, avec une grande solennité, aux frais de la ville du Havre. Le commandant Mouchez, le sous-préfet, le maire et le Conseil municipal en entier, la Franc-maçonnerie, la garde nationale, les corps d'état et une foule énorme d'amis conduisirent à la tombe ce noble citoyen, tombé au champ d'honneur. Le préfet Sadi Carnot prononça un vibrant discours qui se terminait ainsi « « *Heureuses les villes qui produisent des citoyens justifiant d'aussi nombreux et d'aussi légitimes regrets que Fréderic Bellanger* » ». Une rue du Havre porte encore aujourd'hui son nom. Un monument fut élevé sur sa tombe au cimetière Sainte-Marie.

Voici aussi le récit de ce combat, qu'en fit Guillaume Marc, secrétaire de mairie sur son petit carnet de notes « « *Depuis 1 h jusqu'à 2 h 1/2 de l'après-midi, engagement très sérieux entre environ 500 Prussiens et les Mocquards, les Francs-Tireurs havrais, rouennais et du Nord... Nos troupes étaient placées dans la chênée de Mr Lemoine, chez Mr Cousin-Duparc, à la cour de Mr Lemoine et les Francs-Tireurs havrais étaient à Amontot dans la chênée de Mr Alex. Benoist. C'est là que le lieutenant Bellanger a été tué d'une balle à la poitrine, ainsi que le soldat Hauguel. 2 autres hommes tués et environ 10 blessés. Les pertes prussiennes ne sont pas connues. 3 de leurs morts sont restés sur le terrain après le combat. On dit qu'ils auraient enlevé deux voitures de morts et blessés. Quelques chevaux tués de part et d'autres* » ».

Les corps de ces trois malheureux ainsi que les huit à dix blessés dont deux mortellement furent transportés dans le chœur de l'église puis à l'ambulance.

Le combat avait duré trois heures. Les Francs-Tireurs poursuivirent les Allemands jusqu'aux Trois-Pierres afin de s'assurer vraiment de leur retraite. La population de Bolbec put voir, en fin d'après-midi, le spectacle de cette armée défaite accompagnée de plusieurs charrettes transportant les morts et les blessés, les hommes de troupe chantant très fort pour couvrir les cris déchirants des agonisants. Environ 150 hommes auraient été mis hors de combat.

A la nouvelle de ce succès, le général Loysel arriva tout pavoisant, précédé et escorté d'un escadron de hussards. Mabille lui expliqua alors le déroulement des combats et ne reçut pour tous remerciements et félicitations que « « *Comment, commandant, vous vous êtes laissé insulter par deux pièces ennemies* » » Celui-ci lui répondit. « « *J'ai fait ce que j'ai pu ; J'avoue qu'il faudrait qu'on me donnât des leçons sur la manière dont j'aurais dû m'y prendre pour enlever une batterie défendue par des forces doubles des miennes. Si, à ceux qui occupent les positions avancées, on donnait un peu d'artillerie, il est probable que j'aurais fait autres choses* » » … Loysel promis qu'il mettrait le 2e bataillon d'Eclaireurs à l'ordre du jour, ce qu'il ne fit jamais… Encore un général de pacotille comme il y en a eu beaucoup dans ce conflit…Ce jour-là, il avait l'avantage sur les Prussiens. Si avec les 40 000 hommes qu'il avait à sa disposition dans la place du Havre, il avait poursuivi les ennemis…

La citadelle du Havre était sauvée pour la seconde fois.

La cité portuaire ne sera jamais occupée par les Prussiens. La limite maximum du front s'arrêtera en haut de la côte d'Harfleur.

En effet, dans la cité océane, l'association des dames patronnesses chrétiennes avait fait le vœu d'ériger une statue en l'honneur de La Vierge, si la cité était épargnée par l'ennemi. La promesse sera tenue. En signe de remerciement, une statue de 6 mètres de haut sera réalisée dans les jardins de l'Abbaye de Graville. C'est la **Vierge Noire** que l'on peut encore découvrir de très loin, protégeant toujours la ville. Elle sera construite en alliage de zinc et d'étain sur une armature métallique, puis protégée par du graphite déposé par électrolyse, d'où sa couleur sombre. A l'origine, elle aurait dû être recouverte d'argent, projet finalement abandonné faute de moyen.

La Vierge Noire de Graville

Suite à cette défaite allemande, le général Frantzius se retirera sur le front de Duclair.

L'attente

Le 18 janvier, les deux bataillons avec la section d'artillerie qui étaient gardés en réserve au château du Tôt, proche de Montivilliers, vinrent rejoindre l'infanterie à Saint-Romain pour renforcer la défense du bourg. Il était bientôt temps...

Le 19 janvier, des voyageurs arrivant d'Yvetot, apprirent aux militaires, qu'ils avaient rencontré une colonne prussienne de plus de 1 500 hommes avec six canons. Ceux-ci étaient furieux de leur échec et surtout des pertes éprouvées pendant ce combat et voulaient revenir détruire Saint-Romain et les alentours. Les troupes Françaises étaient mises en alerte et les Teutons étaient attendus de pied ferme.

Le 20, de grand matin, deux habitants de Bolbec arrivèrent avec un mot du maire. Ils venaient annoncer l'arrivée d'un assez grand nombre de Prussiens par Lanquetot. Ils repartirent au grand galop promettant pour l'un de revenir rapidement avec plus d'informations sur le nombre d'ennemis et leur armement, le second de passer plus tard par des chemins détournés si des renforts étaient signalés derrière les premiers. Dès 9 heures, le premier, revint prévenir que l'ennemi était aux Trois-Pierres. On envoya des hussards en éclaireurs dans plusieurs directions. Les bataillons sont rassemblés sur la place en attente d'autres informations.

Des coups de feu se firent entendre au loin, mais ne durèrent que quelques minutes. Une heure passa dans le stress. Enfin, un hussard arriva et expliqua l'accrochage. Une quinzaine de cavaliers s'étaient présentés sur la route et des paysans (un homme et deux femmes) leur avaient

« gentiment » indiqué du doigt, les endroits où nos troupes étaient embusquées… Ces « bons Français » avaient pourtant dit juste avant à l'officier qui ne voulait pas les laisser, aller « « *Nous sommes honnêtes et incapables de vous trahir* » » Ainsi, bien renseignés, les prussiens purent s'avancer en tirant mais reçurent un feu nourri des nôtres. Seuls six purent se replier sur La Mare-Carel puis sur Lanquetot.

Le 21 janvier, un épais brouillard recouvrait le Pays de Caux, tous les hommes se tinrent en embuscade et les postes de sentinelles furent doublés. Un télégramme arriva de Rouen signalant la présence 7 500 prussiens avec 6 batteries (30 pièces) prenant la direction du Havre. « « *Attendez-vous à être attaqués, éclairez-vous solidement du côté de Lillebonne et défendez la position* » » Cela voulait dire débrouillez-vous avec vos moyens… vous n'aurez pas de renfort. Pourtant, au même instant, le général Loysel conservait pour l'escorter durant ses déplacements, deux escadrons de hussards…

Le 22 janvier, vers 6 heures, arrivèrent des nouvelles envoyées par les deux maires de Bolbec et de Lillebonne. Il n'y avait pas de mouvement de troupes dans leurs villes respectives. Il fut décidé de partir en reconnaissance avec six compagnies d'éclaireurs, trois compagnies de mobiles et une section d'artillerie. Arrivé aux Trois-Pierres, un émissaire de la mairie de Bolbec leur annonça que les Prussiens étaient partis de bon matin vers Yvetot. Donc retour à Saint-Romain.

Le 24, pourtant un peloton de cavaliers rencontra des dragons dans Bolbec. Ceux-ci prirent la fuite. L'un d'entre eux se trouva désarçonné par un vigoureux coup de pic dans le dos. On le ramena à l'ambulance de Saint-Romain pour le soigner. Il s'agissait du soldat Auguste Klee. (On reparlera de lui dans le chapitre sur l'ambulance).

Toujours le 24, on arrêta une jeune fille de 19 ans, originaire de Bolbec, Honorine Pacary, pour espionnage avec l'ennemi. Elle avait été arrêtée sur dénonciation d'habitants de Saint-Romain. Ce sont les Eclaireurs à cheval du Havre qui ont effectué cette arrestation et on conduit la prévenue au dépôt de sûreté du Havre. En voici le motif « *Cette femme voyageait continuellement de Saint-Romain à Bolbec et son départ pour cette dernière ville, coïncidait avec le retour subit des Prussiens dans la dite commune, quand la troupe française l'avait quittée. De ce fait, elle est inculpée d'espionnage* » Le commissaire envoie donc une missive au maire pour avoir son assentiment sur cette affaire, réponse de celui-ci sera négative. Il y a beaucoup de tension.

Le 25, on demandera au maire de récupérer les armes et les vêtements des blessés hospitalisés à l'ambulance et de les envoyer rapidement à la place forte du Havre.

Le 27 janvier, depuis quelques jours, il ne s'était rien produit d'important. Seule une petite colonne ennemie avec deux canons parcourait la campagne entre Bolbec et Saint-Romain. Il est vrai qu'il neigeait depuis trois jours et que les températures étaient très basses.

Le 28 janvier, tous les Prussiens se sont repliés sur Yvetot.

L'armistice. 28 janvier 1871

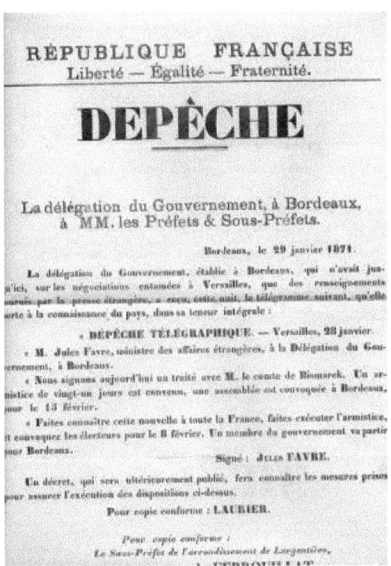

Le 28, Paris capitule. Faute de nourriture, il n'y avait pas d'autre solution. Jules Favre, représentant de La France et Otto Von Bismarck, représentant de l'Allemagne, se rencontrent pour parler d'une possible fin de guerre. La convention de Versailles est signée pour 21 jours, instaurant un arrêt des combats et une élection du parlement le 8 février. Ce vote verra la victoire d'Alphonse Thiers. Gambetta qui espérait continuer le combat est poussé à démissionner. A la date du 31, les zones détenues par chaque belligérant, seront figées.

Le 29 dans la soirée, les états-majors des armées sont informés de cette triste nouvelle.

Le 30 janvier, à 5 heures du matin, une dépêche arrive en mairie, annonçant la reddition de Paris et l'armistice. Celui-ci, ne prendra effet que le 31, à midi. Il est donc signé pour une durée de trois semaines. Cela n'empêche pas les Allemands d'attaquer Dieppe le 30 et de s'en rendre maitres le 31, à 11 heures, de façon à augmenter leur emprise sur la région. Dieppe était un objectif stratégique avec son port de haute mer. Le 3 février, ils feront pareil à Fécamp, qu'ils prendront sans combattre, dans le cadre de l'armistice. Sauf que là, les Prussiens réclameront à la ville une contribution extraordinaire de 641 000 Francs, somme ramenée à 278 026 Francs après négociation.

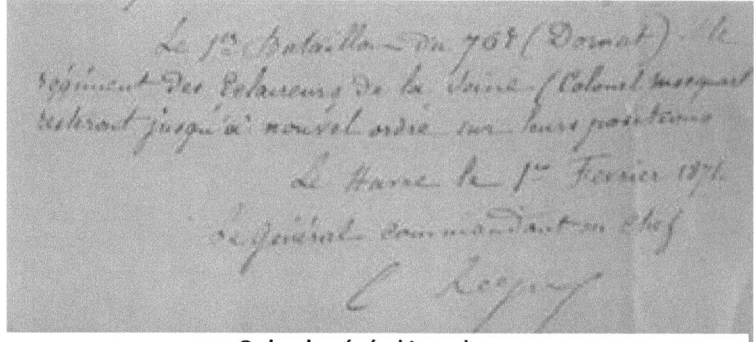

Ordre du général Loysel

Les discussions de cette convention de Versailles, avaient fixé une zone de démarcation de deux kilomètres de large, allant d'Etretat à Saint-Romain. Le général Loysel n'a pas apprécié les termes de ce traité concernant Le Havre et a adressé de nombreux télégrammes au ministère de la Guerre. Il n'avait qu'à s'en prendre à lui-même. Le soir des combats de Saint-Romain où ses troupes avaient l'avantage, il s'était montré timoré au lieu de poursuivre l'ennemi jusqu'à Rouen. En dépit de l'armistice, les Prussiens menacèrent Loysel de reprendre le combat pour se rendre maitres du Havre.

Malgré ces difficultés, les clauses relatives à l'application de l'armistice à l'armée du Havre, furent ratifiées à Yvetot, le 3 février. La ligne de démarcation s'en trouva modifiée. Le Grand-Duc de Mecklembourg s'engageait à ne pas franchir une ligne Fécamp-Lillebonne. Pour le clan français, une autre ligne à ne pas dépasser, sera tracée entre St Jouin et Rogerville. Cette ligne de démarcation aura une largeur de 20 kilomètres. Saint-Romain se retrouvera donc dans une sorte de « no man's land » démilitarisé.

Donc, Saint-Romain se retrouve donc dans la zone démilitarisée. Il y aura toutefois un poste d'observation sur place avec des représentants des deux nations, jusqu'à la fin du conflit, pour faire respecter la neutralité de cette zone.

Le 18 février, un télégramme de Sadi Carnot, préfet, prévient la commune que l'armistice est prorogé jusqu'au 24 à midi. Il le fut ensuite, de nouveau, jusqu'au 26 à minuit. Quelques heures après l'expiration de ce dernier délai, on apprit que les préliminaires du traité de paix avalent été signés et que notre défaite était totale.

Le 12 mars, Bismarck est à Rouen, pour renégocier personnellement l'armistice, au niveau de notre pointe de Caux.

Le 18 mars débute à Paris, la tristement et sanglante période appelée « La Commune » et qui durera dix semaines.

Les discussions commencent à Bruxelles le 27 mars et le 10 mai, le traité de Francfort met fin à cette malheureuse guerre. Les troupes ennemies commencent à se retirer. La France devra verser une somme de 500 millions de Franc-or. Fin juillet 1871, l'évacuation est terminée.

Cette guerre express aura créé une misère, telle que le pays et les communes mettront longtemps à se relever. Vient alors l'heure de faire les comptes. Chacun est invité à monter un dossier de remboursement pour les dommages causés durant le conflit. (Frais de logement pour les hommes de troupe, 3,50 Fr/j ou les officiers, 8 Fr/j, frais de nourriture, frais dus aux pillages, fourrage, bestiaux, chevaux, voiture, harnais…, frais de reconstruction ou de réparation dus aux bombardements et incendies volontaires, etc, etc…).

Ces sommes s'élèvent à 77 000 Francs pour le canton dont 30 000, rien que pour la seule commune de Saint-Romain. Seulement, environ 30 % des sommes demandées, furent réellement remboursées…

Il sera créé beaucoup de sociétés d'entraide pour aider les gens à survivre, à cette défaite. Celles-ci feront l'objet de souscriptions auprès des populations. Elles viendront en aide aux familles des morts, aux blessés et aussi aux gens qui n'avaient plus de quoi vivre. Ils y eu des distributions de repas organisées par les communes.

Un monument sera érigé dans le cimetière Sainte-Marie au Havre sur l'emplacement des sépultures des 785 soldats français morts pour la défense du Havre. Un autre ossuaire regroupera 191 combattants à Sainte-Adresse.

Bilan de cette guerre

Bilan humain : 1 100 000 ennemis franchirent la frontière dont 34 300 seront tués et 12 300 périront de maladie. Côté Français, 2 millions d'hommes seront mobilisés ou volontaires. Il y aura 140 000 morts… Les épidémies de variole et de fièvre typhoïde feront d'énormes dégâts des deux côtés mais principalement du côté français pour des problèmes de vaccination… Notre armée, pourtant « *la meilleure du monde* » aura aussi de grosses pertes dues à des problèmes d'intendance, troupes affamées, mal vêtues durant cet hiver extrêmement rigoureux, mal dirigées, , mal armées, chefs incapables … 380 000 des nôtres seront prisonniers en Allemagne et 90 000 en Suisse. Ils ne seront libères que fin mars 1871.

Côté financier. Un pays exsangue à cause du coût du conflit mais aussi des sommes réclamées par l'ennemi même durant l'armistice. Toutes les communes durent faire des emprunts dans les années qui suivirent.

Côté politique : abandon de l'Alsace et de la Lorraine qui sera quarante ans plus tard, une des causes de la Guerre de 1914-1918.

Côté un peu plus joyeux, cette guerre aura permis l'instauration en France d'une coutume germanique, le sapin de Noël.

L'ambulance de Saint-Romain.

Dès la déclaration de guerre, l'administration se mobilise. Qui dit guerre, dit combats, qui dit combats, dit de nombreux blessés à secourir au plus près des champs de bataille. A cet effet, le 15 août 1870, le Sous-Préfet du Havre envoie une missive au maire de Saint-Romain pour connaître les ressources dont dispose la commune. « *Avez-vous des locaux convenables pour recevoir des blessés ? Combien de lits pouvez-vous mettre à disposition des ambulances. Le service de médecins et de pharmaciens serait-il assuré chez vous* » … La réponse est « *Impossible de recevoir les blessés faute de logement* ». Il est vrai que la guerre est bien loin de chez nous, aux frontières de l'Est et que l'on espère que nos généraux vont repousser rapidement les Prussiens chez eux, comme le dit si bien la propagande.

Le Sous-Préfet doit revenir à la charge auprès de Monsieur Lemoine avec les premiers accrochages car finalement une ambulance est créée dans les dortoirs encore vacants de la nouvelle école des filles, au coin des Rues Dubois et de l'Abbé Bauche.

L'ambulance de St-Romain 1871

En fait qu'est-ce qu'une ambulance dans le jargon militaire, c'est un petit hôpital temporaire situé au plus près des combats où les blessés seront soignés rapidement avant d'être conditionnés pour une évacuation vers des services plus importants, en l'occurrence pour nous, l'hôpital du Havre. La municipalité débloque alors une somme de 500 Francs pour aménager le lieu. Cette installation est dirigée par les institutrices, Sœur St-Jean et Sœur St-Savinien. Un appel est lancé à la population pour fournir douze lits, des matelas, des édredons, des draps, etc. On retrouve parmi les donateurs, le notaire Brière, Sylvestre Dumesnil, ancien juge de paix, Théodule Benoist adjoint au maire, Léonce Lemoine, maire ainsi que huit propriétaires.

Le mardi 20 décembre, le maire réunit des personnalités afin de constituer le bureau administratif de cette structure. *« Une ambulance, pour recevoir et soigner les malades et les blessés de l'armée, pendant que notre contrée sera en état de guerre, a été créée en cette commune »* trouve-t-on dans le document constitutif. Le bureau est constitué de l'Abbé Vason, du docteur Fidel, du pharmacien Pouchin et d'Arsène Acher, Propriétaire.

Docteur Fidel

Un registre des entrées / sorties est ouvert le jour même par le soldat Benoist du 1er bataillon, 7e compagnie. Il sera fermé le 5 février 1871 après l'enregistrement de 166 soldats. C'est le docteur Fidel qui assurera en majorité, l'ensemble des soins. Il reprendra de nouveau cette fonction, une quarantaine d'années plus tard, à l'ambulance qui cette fois-là sera hébergée dans les locaux de l'hôpital rural. Le dernier occupant quittera les lieux le 20 avril 1871. C'est le soldat Klee et on en reparlera.

Liste des entrées.

Date d'entrée	Nbre d'entrées	Régiments
20-déc	5	1er et 3e bat

21-déc	6	1er, 2e et 3e bat
22-déc	3	10e art et 1er bat
23-déc	6	1er bat
24-déc	5	3e bat
26-déc	1	
27-déc	4	3e bat
28-déc	4	mobiles de Rouen et 1er bat
29-déc	5	mobiles de Rouen, du Havre et 4e éclaireurs
30-déc	5	mobiles de Bolbec, du Havre, et 3e hussards
31-déc	11	mobiles du Havre et de Rouen
01-janv	9	mobiles de Rouen
02-janv	3	mobiles de Rouen
04-janv	4	mobiles du Havre et 6e bat
05-janv	12	mobiles de Rouen, 4e et 6e bat
12-janv	2	Francs-Tireurs du Havre
13-janv	2	54e ligne et Francs-Tireurs
14-janv	1	éclaireurs rouennais
15-janv	4	2e bat et Vengeurs de la Mort
16-janv	3	Mocquards
17-janv	6	Mocquards, éclaireurs et Francs-Tireurs.
18-janv	3	Mocquards
20-janv	3	Mocquards
21-janv	2	3e bat, 6e cpie
22-janv	2	3e bat, 2e cpie
23-janv	2	3e bat et éclaireurs
24-janv	7	1er, 3e bat et Prussien
25-janv	5	3e bat de l'Oise
26-janv	7	3e bat, 6 cpie de l'Oise et 1er reg éclaireurs
27-janv	3	3e bat, 6 cpie de l'Oise et 1er reg éclaireurs

28-janv	6	3e bat, 6 cpie de l'Oise
29-janv	6	3e bat, 6 cpie de l'Oise et 1er reg éclaireurs
30-janv	1	éclaireurs rouennais
31-janv	4	3e bat, 6 cpie de l'Oise
01-févr	3	3e bat, 6 cpie de l'Oise
03-févr	3	3e bat, 6 cpie Oise, éclaireurs et 6e hussards
04-févr	4	3e bat, 5 cpie de l'Oise
05-févr	3	3e bat, 4 cpie de l'Oise

Durant la quarantaine de jours d'ouverture de l'ambulance, il y a pratiquement quotidiennement des admissions de blessés ou de malades. Cela prouve qu'il y avait en permanence à proximité de Saint-Romain, des accrochages avec l'ennemi. Le pic des entrées eut lieu le 5 janvier avec 12 patients suivi du 31/12 avec 11 et du 1er janvier avec 9. Les jours des deux combats de janvier, il y eut 4 puis 6 hospitalisations. Malgré l'armistice, du 30 janvier au 5 février, il y eut encore 18 admissions.

Durant l'activité temporaire de cette ambulance, il n'y aura qu'un décès suite à des blessures et quatre soldats décéderont de maladie dans notre commune et seront inscrits à l'état civil. Il est vrai que les blessés étaient conditionnés sur place et évacués sous deux à trois jours, vers l'hôpital du Havre.

C'est le soldat Léopold Tartiaux (24 ans) du 3e bataillon, 5e compagnie qui décédera le premier le 2 janvier. Il était entré le 24 décembre. Le suivant sera le cavalier du 3e hussard,

Jean-Marie Falconnet (30 ans) qui décédera le 9 janvier après 10 jours d'hospitalisation. Le 12, ce sera au tour de Sénateur Quertier (24 ans) du 4e bataillon, 4e compagnie.

Le 23, le sergent Jean Humain (30 ans) de la 3e compagnie du Nord rendra son dernier souffle. Il était entré le 17 janvier sur blessure, suite au 3e combat de Saint-Romain. Etonnamment, plusieurs mois après , Mme Humain, sa veuve, demeurant Place Ste Marguerite à Saint-Quentin envoya une lettre à Mr le maire afin de lui demander des nouvelles de son mari *« ayant appris qu'il s'était engagé dans les Francs-Tireurs du Nord et qu'il était fait un champs de bataille aux environs du Havre, c'est pour vous demander si toute fois vous n'auriez pas eu soit dans une ambulance ou si vous n'avez pas un extrait du passé pour lui car je suis fort dans l'inquiétude de ne plus avoir de ces nouvelles »*. Une funeste réponse lui sera faite le 4 octobre...

Le dernier, sera Maximilien Havast (25 ans) du 3e bataillon de l'Oise, qui succombera le 13 février.

Comme dit précédemment, l'ambulance aura un dernier pensionnaire jusqu'au 20 avril 1871. Il s'agit d'Auguste Klee, du 10e régiment des Dragons Bleus de La Reine Augusta. Il avait été blessé, le 24 janvier, au combat de Bolbec, d'un coup de sabre à l'épaule gauche et ramené à Saint-Romain afin d'y être soigné. Doutant certainement des soins prodigués à un ennemi, l'état-major prussien envoya plusieurs missives à la commune de Saint-Romain demandant la restitution du blessé, demandant même à ce qu'on le mette au train !!!. Etonnant, car ce sont eux qui avaient dynamité le viaduc de Mirville. La réponse de celle-ci était que le soldat Klee n'était pas transportable. Le 20 avril, Il quittera Saint-Romain et il est indiqué sur le document *« remis en pleine convalescence à son chirurgien major »*. Le 8 août 1871, Mr Le Maire réclamera aux autorités prussiennes le remboursement des frais d'hospitalisation du dragon Klee, somme qu'il avait avancée à Sœur St-Jean, directrice de l'ambulance. Par exemple pour la période du 3 au 11 mars, nous retrouvons le détail suivant, 9 journées à 3,50 Fr, 2 journées de lavage de linge à 1 Fr, des médicaments pour 5,50 Fr et même du vin de Quinquina pour 1,20 Fr pour le requinquer.

Cette ambulance aura un coût élevé. Nous connaissons quelques factures. Les frais infirmiers se sont élevés à 6 669,90 Fr. L'intendance aura coûté 1 811,90 Fr mais aura permis de faire travailler les commerçants. Même, Mr Malandain, le fossoyeur, présentera une facture de 35 Fr, l'épicier Plichet aura livré, en janvier, 25 bouteilles de vin et le boucher Colbosc, 19 kg de viande pour un total de 498,50 Fr...

LE MONUMENT COMMEMORATIF

Inauguration le 14 octobre 1888

Il a fallu attendre le dimanche 14 octobre 1888, pour que Saint-Romain honore ces héros de 70. Tout de même 17 ans…

Quelle ingratitude, une commune qui ne célèbre que certains de ses héros et en oublie d'autres… Pourquoi avoir oublié le soldat Humain, mort au même combat que Bellanger, Caufourier et Hauguel … Pourquoi avoir oublié ses propres enfants de Saint-Romain, morts pour la Patrie, le soldat Hauguel à Wissembourg, ou le mobile Dégenétais à Bosc-le-Hard… Et peut-être d'autres non trouvés au cours de mes recherches. Pourquoi ne commémorer que 2 combats sur les 3 qui se sont déroulés sur la commune ???

Début 1888, le Conseil municipal, présidé par Théodule Benoist, décide de construire un monument commémoratif, pour rappeler les combats de 1870-1871. Celui-ci, sera implanté à l'emplacement de l'ancienne mare, bouchée à l'occasion du réaménagement du bourg par notre « Haussmann » local. Il sera ouvert une souscription auprès de la population afin de récolter les fonds nécessaires à son édification.

Un appel d'offre est fait auprès de plusieurs architectes régionaux. Il y a certainement eu aussi la réalisation d'un cahier des charges spécifiant les souhaits, la forme et les dimensions souhaitées. Le plan d'un premier avant-projet existe, mais il s'agit peut-être de l'appel d'offre, représentant un obélisque très simple.

Le 2 juin 1888, G Martin, architecte à Bolbec soumet un devis pour un monument pyramidal composé de 4 blocs de Granit de Vire, entouré de 8 bornes reliées par des chaînes. Le total de cette prestation s'élève à 6 000 Fr.

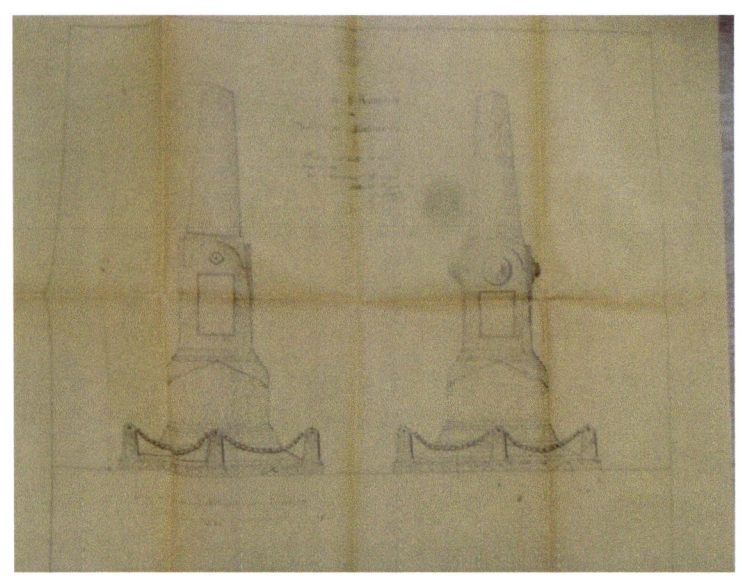

Etude G Martin, architecte à Bolbec

Une autre étude sera réalisée par Lequeux, architecte, 21 Rue de la Seille à Rouen pour la somme de 6 289 Fr. Elle comprend la fourniture d'un monument en Granit de Vire, un peu semblable, mais avec la réalisation de 4 médaillons et la gravure de textes. C'est ce projet qui sera retenu et c'est le monument que l'on peut encore voir de nos jours. Il mesure 6,80 mètres de haut. Il est posé sur un double emmarchement et est entouré de 4 bornes reliées par une chaîne. C'est la société « Exploitation des carrières de Granit de Montjoie » dirigée par Jules Hallais et sise à Le Vaudry près Vire qui sera retenue pour la fourniture de la pierre. Une des faces sera consacrée pour le 1er combat de Saint-Romain et ornée d'un médaillon reprenant le nom des 6 héros, posé sur une palme d'honneur. Les 3 autres faces seront attribuées aux morts du troisième combat avec leurs portraits en médaillon, leurs noms gravés dans la pierre et un court texte rappelant leurs unités respectives. Les médaillons, ainsi que les trophées de lauriers et de palmes, sont l'œuvre d'un havrais, M Bénard, ancien compagnon d'armes et ami personnel de Frédéric Bellanger

Photo du monument en 1888

Le 14 octobre 1888, c'est l'effervescence dans Saint-Romain. Ce jour, a lieu l'inauguration du monument ; en présence de cinq des six héros, des familles des morts, de fanfares, de sociétés de sports, de nombreuses personnalités... Voici le programme de ce grandiose cortège.

Voici l'ordre du cortège :

Peloton de gendarmes. — Société musicale de Saint-Romain. — MM. le préfet, le sous-préfet, les maires de Bolbec, le Havre, Rouen et Saint-Romain.

MM. les sénateurs et députés. — M. le commandant Le Brun, du 129e régiment de ligne. — M. Fresch, consul général français en Bulgarie.

MM. les conseillers généraux et d'arrondissement. — Adjoint et conseil municipal de Saint-Romain. — Adjoints et conseillers municipaux du Havre. — Adjoints et conseillers municipaux de Bolbec.

M. le curé. — M. le juge de paix et les fonctionnaires de Saint-Romain. — Maires et conseillers municipaux de l'arrondissement.

Les hussards ayant combattu à Saint-Romain.

Les familles Bellanger, Coufourier et Basquel. — Les anciens tirailleurs bavarois. — Les anciens francs-tireurs de Bolbec. — Les mobiles et volontaires de la guerre 1870-1871.

M. François Martin, de Mâcon, et M. Langer, président de la Société havraise de tir.

L'Harmonie maritime du Havre. Société de gymnastique et de tir du Cercle Franklin. — Société havraise de gymnastique. — Harmonie des Enfants de Lillebonne. — Union Havraise, société de gymnastique. — Les enfants du Havre, société de gymnastique. — Société musicale d'Harfleur. — Union Gravillaise, société de gymnastique et de tir. — La Jeune France, société de gymnastique. — Société musicale de Montivilliers. — Union Bolbécaise, société de gymnastique. — Les Enfants de Montivilliers, société de gymnastique. — Le Cercle musical Gravillais. — La Défense de Lillebonne, société de gymnastique et de tir. — La Vaillante de Lillebonne, société de gymnastique. — Fanfare Sainte-Cécile, de Bolbec. — Société de tir l'Alerte. — Les Enfants de Fécamp, société musicale. — Le Veloce-Club havrais. — Musique de Goderville. — M. Grimm, instituteur, et les élèves de l'école de garçons de Saint-Romain.

Pour la petite histoire, lors des travaux de modernisation de la place vers les années 80, le monument fut démonté et remonté avec une rotation d'un quart de tour... erreur ou demande ?

ANNEXE

Les 6 héros du 1er combat de Saint-Romain

(Article du Journal « Le Patriote de Normandie »)

M. Ronget n'a sur la poitrine aucune décoration. C'est un héros oublié, même par le grand chancelier de la Légion d'honneur. Cet homme, brave entre les braves, qui a conduit au feu des héros, ne porte pas sur sa poitrine les insignes de l'honneur, du civisme, du courage militaire. Les habitants de Saint-Romain verront-ils aujourd'hui le brigadier de hussards que le 18 décembre 1870 ils ont porté en triomphe, dont ils ont gravé le nom sur la pierre, le verront-ils venir au milieu d'eux, sans porter à la boutonnière la croix de la Légion d'honneur?

Bertrand (Charles), était maréchal des logis au 3e hussards, au début de la guerre de 1870 1871. Mis à l'ordre du jour de l'armée, le 19 décembre 1870. Décoré et successivement sous-lieutenant et lieutenant au 4e hussards. Mort en Tunisie, il y a quelques années. Homme de sang-froid, énergique, d'une volonté de fer, d'une bravoure à toute épreuve. Soldat modèle.

Ronget (Emile), de Montpont (Saône-et-Loire), avait été nommé lieutenant des mobiles au début de la guerre ; mais il donna sa démission, entraîna des volontaires avec lui, et s'engagea, le 12 août 1870, au 3e hussards.

Incorporé aux escadrons de guerre, il fait le coup de feu quelques jours après. Le 1er septembre, il est à Sedan. Nommé brigadier après vingt jours de services, il se signale dans plusieurs combats d'avant-postes, enfin est mis à l'ordre du jour de l'armée le 19 décembre 1870. Son capitaine le cite, dans ses notes, comme homme remarquable au feu. Il prend part à la lutte contre la Commune comme maréchal des logis et rentre dans ses foyers après l'insurrection, étant engagé pour la durée de la guerre seulement. C'est le seul des survivants de Saint-Romain qui n'a pas reçu la récompense de sa bravoure.

Nommé sous lieutenant, puis lieutenant aux escadrons de cavalerie territoriale de la 8e région, il a demandé à rester au service, bien qu'étant dégagé de toutes obligations militaires. Tempérament ardent, patriote sincère, attend impatiemment que résonne le clairon de la revanche, pour aller prendre sa place au premier rang. Comme position sociale actuelle, modeste inspecteur d'assurances.

Champion (Antoine), de Saint-Remy, près Chalons-sur-Saône. Vieux soldat d'Afrique et d'Italie. brave comme son sabre. A l'ordre du jour de l'armée, le 19 décembre 1870. Décoré de la médaille militaire. Son colonel, depuis le général Revaudot, lui a délivré un ordre, dans lequel on lit ces mots : « Je donne au brigadier Champion l'accolade et le baiser d'adieu. Tout autre à ma place, fût il maréchal de France, se trouverait honoré, comme je le suis moi-même, en serrant les mains d'un aussi brave soldat. » A reçu les galons de maréchal des logis en quittant le régiment en 1884. Retraité, habite Lyon.

Laurent (Antoine), de Dombras (Meuse); hussard, mis à l'ordre du jour de l'armée, 19 décembre 1870 ; décoré de la médaille militaire. Mutilé, neuf blessures graves. Un intrépide; capable encore de charger contre des batteries crachant la mitraille. A pris sa retraite pour Dombras (Meuse).

Pellerin (Antoine), de Montluel (Ain); vieux soldat d'Afrique, d'Italie, du Mexique ; mis à l'ordre du jour de l'armée, le 19 décembre 1870, décoré de la médaille militaire. Retraité avec le grade de brigadier. Un brave, capable de toutes les audaces ; prêt à verser encore son sang et à donner sa vie pour l'honneur du drapeau et la défense du pays.

Sommaire

Remerciements

Michel pour sa relecture.
Annick pour sa relecture et sa documentation.
Yann pour l'ouverture des archives municipales.
L'association La Hêtraie BP43 76430 St Romain-de-Colbosc.
Catherine, Christine et André pour leurs encouragements.

Sources

Archives personnelles.
Archives municipales de St-Romain-de-Colbosc.
Gallica, BNF.
Historique du 2e bataillon de la garde-mobile …
Patrimoine Normand.
BERGE François   Les débuts de la IIIe République au Havre.
De MAUPASSANT Guy :   L'horrible et autres nouvelles.
DESSOLIN Emile :   Les Prussiens en Normandie.
DUBOSC Georges :   La Guerre de 1870-71.
DUBOSC Georges :   Les préliminaires de paix signés à Rouen.
FURON Gérard :   La guerre de 1870-1871 en Normandie.
GRENEST :   Les armées du Nord et de Normandie.
LE ROY Albert :   Le Havre et la Seine Inférieure …
LE TERVANICK Georges :   Souvenir de l'année terrible.
MARTIN Alphonse :   Histoire de St-Romain-de-Colbosc.
MAUCONDUIT Gustave :   Les Prussiens à Bolbec.
MOLET René :   Un siècle d'histoire locale de St-Romain.
RASPAIL Xavier :   Les Eclaireurs de la Seine inférieure.
ROLIN Louis :   La guerre dans l'ouest.

Edition : Books on Demand,
12/14 rond-Point des Champs-Elysées, 75008 Paris
Impression : BoD - Books on Demand, Norderstedt, Allemagne

FSC
www.fsc.org
MIXTE
Papier issu
de sources
responsables
Paper from
responsible sources
FSC® C105338